本书由重庆市技术创新与应用发展专项"滑坡涌浪水域船舶通航安全风险应对关键技术研究及应用（编号：cstc2019jscx-msxmX0302）"资助出版

滑坡涌浪水域船舶非线性运动特性及预控方法研究

袁培银　赵　宇　王平义　著

中国建筑工业出版社

图书在版编目(CIP)数据

滑坡涌浪水域船舶非线性运动特性及预控方法研究 / 袁培银，赵宇，王平义著. —北京：中国建筑工业出版社，2020.11
ISBN 978-7-112-25827-7

Ⅰ.①滑… Ⅱ.①袁…②赵…③王… Ⅲ.①河道—滑坡—涌浪—影响—船舶—非线性力学—研究 Ⅳ.①U661.3

中国版本图书馆 CIP 数据核字（2021）第 023178 号

本书以大规模物理模型试验为方法，研究滑坡涌浪的空间传播特性、滑坡涌浪水域船舶非线性运动特性、滑坡涌浪波陡变化及爬升特性、滑坡涌浪水域船舶通航安全预控方法、滑坡涌浪水域船舶操纵运动特性。

本书适用于水利、交通工程、船舶与海洋工程领域的研究人员、工程技术人员及研究生参考使用。

责任编辑：杨　允
责任校对：张　颖

滑坡涌浪水域船舶非线性运动特性及预控方法研究
袁培银　赵　宇　王平义　著
*

中国建筑工业出版社出版、发行（北京海淀三里河路9号）
各地新华书店、建筑书店经销
北京红光制版公司制版
北京建筑工业印刷厂印刷
*

开本：787毫米×960毫米　1/16　印张：9¼　字数：183千字
2021年1月第一版　2021年1月第一次印刷
定价：50.00元
ISBN 978-7-112-25827-7
（35931）

版权所有　翻印必究
如有印装质量问题，可寄本社图书出版中心退换
（邮政编码 100037）

前　言

水库岸坡的岩土体失稳后下滑，产生滑坡涌浪，滑坡涌浪对航行船舶、水工结构、沿岸人员的安全，构成巨大的威胁。实际工程中，对滑坡涌浪的空间传播特性、船舶通航安全及船舶操纵预控的研究不够深入，因此，研究滑坡涌浪水域船舶非线性运动机理及预控方法具有重要的理论和现实意义。

本书由重庆市技术创新与应用发展专项"滑坡涌浪水域船舶通航安全风险应对关键技术研究及应用（编号：cstc2019jscx-msxmX0302）"资助出版。基于滑坡体入水湍流运动耦合方法，利用动网格技术，建立滑坡涌浪入水砰击模型，细化滑坡体高速入水砰击的全过程，实现模拟过程中边界元的实时变化，研究滑坡体入水后各物理量及河道内各监测点水位变化情况；同时，设计相应的物理模型试验，分析滑坡涌浪的形成、传播过程；揭示滑坡体宽度、厚度、宽厚比对空间传播特性的影响规律；结合三峡库区实际货运量情况，研究滑坡类型、航行速度、航行位置、运动状态对船舶强非线性运动影响；获得河道断面处、河道弯曲段、直线河道区域内，滑坡涌浪传播过程中的波陡变化规律及滑坡涌浪爬升情况；围绕滑坡涌浪水域船舶非线性运动特性及预控方法等问题展开研究。

全书共6章，由重庆交通大学袁培银副教授、赵宇老师和王平义教授共同撰写，全书由袁培银副教授统稿。

重庆交通大学雷林教授、喻涛副教授、王梅力老师和研究生韩林峰、牟萍、曹婷、胡杰龙等参与了本书的部分研究工作。本书撰写过程中引用了很多学者的科研成果，重庆交通大学船舶与海洋工程系的部分老师及同学参与了本书的校对、插图绘制等工作，在此一并致以衷心的感谢！

限于作者水平，书中难免存在不足之处，敬请读者批评指正。

目 录

前言 ··· Ⅲ
第1章 绪论 ·· 1
  1.1 引言 ·· 1
  1.2 国内外研究现状 ·· 3
  1.3 本书研究内容及技术路线 ·· 6
第2章 滑坡涌浪模型试验设计 ·· 10
  2.1 滑坡涌浪模型试验 ·· 10
  2.2 滑坡涌浪试验测量 ·· 14
  2.3 滑坡涌浪模型试验工况 ·· 16
  2.4 本章小结 ·· 19
第3章 滑坡体入水砰击模拟研究 ·· 20
  3.1 入水砰击模型的建立 ··· 20
  3.2 滑坡体入水砰击特征分析 ·· 22
  3.3 本章小结 ·· 33
第4章 滑坡涌浪水域船舶运动响应试验研究 ·· 34
  4.1 船舶设计及自由衰减试验 ·· 34
  4.2 船舶与滑坡涌浪相互作用过程研究 ·· 40
  4.3 滑坡涌浪首浪高度特性研究 ··· 41
  4.4 滑坡体下滑后流场速度研究 ··· 51
  4.5 滑坡涌浪水域船舶运动响应研究 ··· 55
  4.6 滑坡涌浪爬升效应研究 ·· 74
  4.7 本章小结 ·· 85
第5章 滑坡涌浪水域船舶通航安全预控方法研究 ··································· 87
  5.1 滑坡涌浪水域船舶应急系泊研究 ··· 87
  5.2 滑坡涌浪水域船舶艏艉系泊动力特性研究 ································· 96
  5.3 滑坡涌浪水域船舶舷侧系泊动力特性研究 ································· 101
  5.4 滑坡涌浪水域船舶通航安全预控方法对比研究 ··························· 106
  5.5 滑坡涌浪水域船舶应急操纵运动研究 ·· 109
  5.6 浪向对船舶运动特性的影响研究 ·· 112
  5.7 航行位置对船舶运动特性影响研究 ··· 114

5.8 各工况船舶运动幅值对比分析 ·· 115
5.9 本章小结 ·· 116
第 6 章 滑坡涌浪水域船舶操纵运动特性研究 ································ 118
6.1 船舶操纵运动方程 ·· 118
6.2 船舶操纵运动模型验证 ··· 123
6.3 静水中船舶的操纵特性研究 ·· 126
6.4 滑坡涌浪水域船舶运动轨迹研究 ··· 127
6.5 本章小结 ·· 133
参考文献 ·· 134

第1章 绪　　论

1.1 引言

　　21世纪以来，社会经济高速发展，内河船舶运输市场逐步实现大型化、标准化，为适应内河船舶运输发展需求，交通部于2003年发布《长江干线航道发展规划》，规划中明确指出，2020年以前完成长江干线航道的升级、治理，进一步提高船舶的通过能力和抵御自然灾害的能力。2007年，国务院批复《全国内河航道与港口布局规划》，进一步明确长江航道的规划目标。2009年，《长江干线航道总体规划纲要》中明确提出，要进一步推动航道系统的治理，进一步提升长江干线的航道尺度和技术标准。截至2017年底，三级航道通航里程较2013年有较大提高，航道通航里程达到1.25万公里，约为总里程的10%[1]。

　　我国内河航道基础设施不断完善，通航条件稳步提高，由于三峡库区独特的地质特性，长江上游（湖北省宜昌市至四川省宜宾市）是典型的山区河流，湖北省宜昌市至重庆市云阳段为峡谷型河流，无论是山区型河流还是峡谷型河流，都易在强震、暴雨等自然灾害下发生山体滑坡，滑坡体高速入水后，激起滑坡涌浪，滑坡涌浪会对水利枢纽、沿岸人员、建筑、植被的安全构成一定的威胁，如果灾害的影响范围扩大，将会对人们的生命财产造成巨大的损失，同时，落入水中的土石会堵塞河道、恶化航道水流条件，危及过往航行船舶及水工结构物的安全。统计资料显示，每年发生的滑坡数以万计，产生泥石流沟一万多条，受到威胁的城市70多座、县城460多个，因崩塌、滑坡、泥石流造成的直接经济损失巨大，年均死亡200多人。1959年，意大利的庞特塞赛拱坝库区发生350万m^3的山体滑坡，形成20m高的滑坡涌浪；1963年10月，意大利瓦依昂水库发生山体滑坡，约2亿m^3的岩土水平移动500m，滑坡涌浪高度达到250m，滑坡涌浪翻过坝体，造成2000多人死亡[2]；1982年7月，三峡库区重庆云阳段发生山体滑坡，$1.8\times10^5 m^3$滑坡体滑入江面，整个长江岸线的北岸向江中心移动50m左右，由于滑坡体的堆积，导致该河段的河床被抬高30m，形成多个急流险滩，过水断面由2700m^2缩小至320m^2，最大流速增至7.5m/s，导致船舶不能正常航行[3]，滑坡区域现场调研情况如图1-1所示；1985年6月，发生特大型山体滑坡，崩滑入江的土石约为340万m^3，其中约有260万m^3岩土体高速滑入河道内，激起54m高的滑坡涌浪，滑坡涌浪波及长江上、下游40公里，打翻船舶数十艘，事故造成 8 人死亡[4]；2011 年 3 月，日本宫城县发生海啸事故，巨大的涌浪以每小时 300km 的速度向宫城方向移动，涌浪到达的地方，船舶、人员、建筑物均遭受严重的损失，涌浪的灾后现场如图 1-2 所示；2015 年 10 月，廷德尔冰川发生滑坡，引发巨型海啸，该区域的涌浪最大爬升高度为 190m，经过国外专家的实地调研发现，大量的植被冲刷，50km 长的海岸线上，90% 区域内的涌浪爬升超过 20m[5]；2003 年 6 月 13 日零时 20 分，长江支流清干河边的秭归县沙溪镇千将坪村发生总方量约 2400 万 m³ 的巨大山体滑坡，将青干河拦腰截断，掀起 20 多米高的涌浪，在短短 5 分钟的时间里，80 多栋农舍和 4 家企业厂房化为废墟，打翻船舶 22 艘，造成 14 人死亡、10 人失踪，经济损失约 8000 多万元[6]。2006 年 6 月 15 日，300 万 m³ 的大堰塘滑坡体入水，涌浪最大爬高达 50m，水布垭大坝处的涌浪爬高达 4m，涌浪灾害波及水布垭、金果坪、建始景阳 3 个乡镇，下游 5 km 处 3 人失踪[7]。

图 1-1　鸡扒子滑坡区域
Fig. 1-1　Landslide area at "Ji Pa Zi"

图 1-2　涌浪事故灾后现场
Fig. 1-2　Disaster environments after surge accident

2018 年，长江航道重庆段完成货运量 1.66 亿 t，货物周转量 1863.3 亿 t，较 2015 年增长 10.7%，伴随着库区水上运输业的高速发展，河道内船舶通航密度逐渐增加，运输船舶吨位不断增大，船舶航行速度不断提高，再遇库区滑坡地质灾害频发，致使发生船舶倾覆事故的风险越来越大。目前，学者对大中型岩体滑坡形成的机理和预防措施研究较多，对滑坡涌浪空间传播规律的研究，尚无完整的理论与计算方法，而针对滑坡涌浪对水工结构物影响的研究，则处于起步阶段。此外，滑坡体及河道底面形状、滑坡点位置、河道断面形状、滑坡体入水状态等物理量对河道内水体的非线性流动起到决定性作用，进而使致灾范围内的船舶产生强非线性作用。因此，滑坡涌浪的空间传播规律的研究可以进一步揭示水动力学中的非线性波动问题，为库区内船舶通航安全的风险应对奠定基础。所以，为了科学、有效地预防和减少滑坡涌浪对船舶造成的灾害损失，开展库区岩体滑坡涌浪对船舶强非线性运动作用研究是非常必要的。

综上所述，本书实地调研库区内滑坡体的各部分组成，结合库区内滑坡的类型及特征，开展滑坡涌浪空间传播特性及滑坡涌浪水域船舶非线性运动预报的试验研究，通过理论分析，构建更符合库区滑坡涌浪的传播理论模型，提出库区滑坡涌浪与船舶运动响应的直接耦合分析方法。本书的研究对于揭示滑坡涌浪传播规律，预测库区船舶的通航条件，准确预估船舶的非线性运动姿态，具有重要的理论创新意义，更具有重要的工程实用价值。

1.2 国内外研究现状

研究滑坡涌浪的传播规律、滑坡涌浪水域船舶非线性运动机理的主要目的是为库区内水工结构物的安全预控提供理论依据，而准确预报船舶的强非线性运动特性是本书研究的难点。因此，这部分主要从滑坡运动预测方法、滑坡涌浪物理模型试验、船舶非线性运动、船舶通航安全及船舶操纵运动五个方面进行综述和总结。

1.2.1 滑坡运动预测方法研究现状

滑坡运动是一个连续动态的过程，其中会发生崩解、拉裂、堆积，传统的经验计算方法对滑坡运动速度和距离的计算具有一定的缺陷性和局限性，随着计算机和数值模拟技术的持续发展，滑坡涌浪的预测方法研究进步较快。

Davidson 等（1975）[8]分析 Kootena 河流山体滑坡所引起的涌浪特点，利用有限差分方法求解出滑坡涌浪高度和速度之间的关系；Raney[9]（1976）实地调研 Libby 坝的基本情况，理论求解最大涌浪高度与滑坡速度的关系；Koutitas[10]（1977）从流体力学中平衡方程和连续方程出发，利用有限元法模拟滑坡涌浪高度变化情况；Harbitz[11]（1993）利用有限差分法计算挪威 Tafjord 河上滑坡所引起的滑坡涌浪高度；Koo[12]（2008）基于非线性数值模拟技术，对比分析水上和水下滑坡产生的涌浪特点；Ashtiani[13]（2008）基于 Navier-Stokes 方程，采用 SPH 方法模拟滑坡崩落激起的孤立波；Heller[14]（2011）基于非线性基本理论，分析滑坡涌浪产生的脉冲波特点；汪洋[15,16]以三峡库区新滩滑坡为例，采用条分方法，计算出各条块入水速度、水下运动的时间及其激起的涌浪高度值，得出运动过程中滑坡速度值先增后减及滑坡速度与时间呈反正切型关系的规律。

1.2.2 滑坡涌浪物理试验研究现状

由于库岸滑坡入水运动产生涌浪时间较短，而且发生的时间和地点不固定，很难观测到滑坡涌浪的原始观测数据，主要根据滑坡对岸和上下游两岸岸坡留下的爬坡轨迹，对其动态变化特征进行估测。而物理模型试验能够相对真实地反映库岸滑坡涌浪发生的实际情况，因此，模型试验方法是研究不同地质环境下滑坡涌浪灾害生成和传播规律的主要方式。

Edward Noda[17]（1970）采用固体滑块模拟滑坡体垂直下落、水平推动两种极端状态下的滑坡情况，提出涌浪估算公式与弗劳德数有关；Heinrich[18]（1992）在二维水槽内进行滑坡涌浪试验，将滑坡体制作成两个直角边都为0.5m滑动模型，研究滑坡涌浪在不同时刻的波面变化情况；Fritz[19]（2003）通过三维物理试验，研究不同滑坡体参数对滑坡涌浪的影响，重点分析滑坡涌浪引起的流场变化特点；Heller[20-25]从模型的缩尺比、滑坡体的尺寸、波浪类型等方面深入研究滑坡涌浪的传播特性；汪洋、殷坤龙等[26-28]从滑坡涌浪的物理形成机制出发，研究滑坡体运动和涌浪产生过程，基于非恒定流理论，将涌浪传播分为急剧衰减和缓慢衰减两个阶段进行计算；王平义[29-31]以物理模型试验为研究手段，预测三维滑坡涌浪最大近场波幅，研究岩质滑坡涌浪对岸坡的冲刷以及滑坡涌浪在库区岸坡的爬高。

1.2.3 船舶非线性运动的研究现状

船舶结构设计中要考虑船舶耐波性和波浪载荷问题，对避免船舶砰击而言，船体和波浪之间的垂向加速度和相对垂向运动是重要的影响因素；对船舶营运安全而言，横摇也是一个重要的问题，风、甲板上浪或者货物的移动都有可能导致船体倾覆，造成巨大的经济损失。为此国内外学者通过理论分析、计算方法及模型试验等方法，深入研究船舶在波浪上的运动问题。

Cercos-Pita[32]研究自由液面对船舶非线性运动的影响；Spyrou[33]对船舶在大风浪中的纵摇、纵荡进行耦合分析；Soares[34]提出一种确定船舶整体荷载效应的方法；Kim[35]考虑船舶运动与液体晃动的耦合效应，采用脉冲函数的方法求解船舶的线性运动，采用非线性运动的方法模拟船舱内流体的晃动；Faltinsen[36]通过理论分析，将船舶纵荡、垂荡、纵摇三个自由度进行耦合，研究船舶在波浪上的非线性大幅度运动。

Das[37,38]建立横荡、横摇和艏摇的运动模型，预测有航速船舶在规则波中的运动响应情况；Soylemez[39]通过船舶在波浪上运动的相关理论，建立受损船舶在风浪流条件下的运动响应模型；Mctaggart[40]提出一种考虑附加力和黏性力的研究方法，预测波浪载荷及船舶的横向运动；Hatecke[41]提出一种计算辐射力的方法，其建立的模型可以代替Cummins Equation，可以将辐射力的计算量减小一个数量级。

Murashige[42]以模型试验为手段，研究被淹没船舶在波浪中的非线性运动，大量的研究数据表明，船舶的横摇响应具有明显的不规则性和复杂性；Pethiyagoda[43]研究二阶波浪力对船舶运动响应的影响，并对比理论分析与试验分析结果，两组数据具有较好的一致性；Sigmund[44]研究船舶航速、船型、摩擦阻力等参数对船舶运动的影响；Fonseca[45]建立一种非线性的时域程序，用于求解船舶迎浪航行时的垂向运动幅值。

研究无航速船舶（包括海洋工程结构物）的流体动力和运动的学者较多，如Faltinsen and Michelsen[46]、Chang and Pien[47]、Garrison[48]。Fein[49]提出了四自由度的操纵运动数学模型，并计算分析了某型船舶的运动特性，其中包括风作用下的回转运动特性和可转动导管空气螺旋桨的数量及布置对运动特性的影响。Scullen和Tuck（2011）[50]提出了一种能够快速、精确计算船舶在线性自由表面上定常运动的兴波波形的方法，该方法将格林函数中近场扰动和远场扰动分离。

对于有航速问题，由于有航速频域Green函数计算的复杂性和积分方程中水线积分项难以处理，使得该问题求解十分困难，因此，研究的学者引用低航速假定，利用无航速Green函数并加上关于航速修正项来研究该问题，如Beck and Loken[51]；Chang[52]采用有航速频域Green函数法求解船体运动问题。国内外学者逐渐开始求解时域范围内的有航速问题；Newman[53]等对时域Green函数的计算方法做了深入研究，使得三维时域问题的数值计算成为可能。Wu[54]应用实际船舶求解船体运动问题，试验结果与理论计算结果较为接近。时域模型发展至今，其中一个重要的方法是将水动力问题假定为线性并在频域中进行求解，借用频域方法求得船舶的附加质量和阻尼系数，利用其关于频率的变化特性，进行Fouier变换得到时域解，Guedes Soares[55]、Meyerhoff & Schlachter[56]、Fujino & Yoon[57]、Chen & Shen[58]和Petersen[59]等在这方面做了很多的工作和研究。而在时域计算发展的过程中，非线性的影响引起越来越多的重视，Debabrata Sen[60]重点研究非线性项对于船舶运动响应计算结果的影响，Mingkang Wu[61]等利用非线性时域方程对船舶运动响应及波浪载荷进行计算。

在船舶运动状态的研究方面，Clarke D.[62]（1982）结合大量试验数据的分析，运用线性回归法得到了水动力系数估算公式；Hamoudi、Varyani[63]（1998）通过试验计算了一艘集装箱船在波浪影响下的甲板淹湿概率，并得出航行速度与波浪有义波高对甲板上浪概率以及船舶横移幅值的影响；Cura Hochbaum A[64]（1998）、T. Ohmori[65,66]（1998）、S. Toxopeus[67]（2004）等忽略了自由兴波的影响，计算了湍流中船舶做定常回转运动时的水动力情况。

1.2.4　船舶通航安全的研究现状

Zhang[68]提出护航船舶与被护航船舶之间安全距离，并建立船舶碰撞的风险计算模型；Perera[69]提出一种全新的船舶操纵运动预报的数学模型，可有效提高船舶操纵运动预报的准确性；Montewka[70]提出多 ARPA（MARPA）系统的概念，当船舶在航行过程中相遇时，该系统可以向船上的领航员提供瞬时安全航向信息，以降低船舶碰撞的风险；Sun[71]基于层次分析法及多层次模糊综合评价方法，对内河船舶通航安全风险进行有效分析，并对船舶通航安全进行科学、有效的预测；Zhang[72]等为了提高 LNG 船舶航行环境风险评价的准确性，采用定性评价指标与定量评价指标转换的云模型，并利用该模型对 LNG 船舶航行环境进行正确的评价；Yuan[73]等进行滑坡涌浪冲击试验，为滑坡涌浪水域船舶通航安全提供一定的理论指导。

1.2.5　船舶操纵运动的研究现状

Jian[74]提出一种基于最小二乘法的船舶操纵运动参数辨识模型；Zhicheng Zhang[75]将神经网络的基本原理应用于船舶操纵运动建模中，研究船舶操纵运动的非线性响应模型；Zou[76]基于三维势流理论，对船舶在操纵状态下的波浪诱导运动进行数值研究；A. K. Dash[77]等对高速双螺旋桨双舵船舶操纵数学模型进行理论分析，讨论船舶横摇运动和船舶倾覆之间的联系；X. Zhang[78]采用支持向量回归方法，分析自由航行船舶的舵角和横摇角相关数据，研究船舶操纵运动过程中的操纵性指标；H. Zhang[79]提出一种改进的变步长 Runge-Kutta 算法，该方法可以更好地求解船舶运动方程；W. Luo 和 X. Li[80]提出基于有限差分法的重建模型，并应用该方法来修正 Abkowitz 模型中的水动力系数；H. Guo 和 Z. Zou[81]研究船舶在静水中的四自由度操纵运动，并采用四自由度 MMG 模型，描述船舶的纵荡、纵摇、横摇和横荡运动；H. Huang 和 Y. Wang 等[82]利用龙格库塔法求解微分方程，研究船舶直线运动特性、转弯运动特性及 Z 型运动特性；S. Tong[83]提出明渠非均匀流和浅水效应的三自由度船舶运动数学模型，并将该模型应用到实际工程中。

1.3　本书研究内容及技术路线

1.3.1　本书的主要研究内容

三峡库区滑坡涌浪的形成及传播规律、滑坡涌浪对船舶的强非线性运动、滑坡涌浪水域船舶通航安全预控方法研究等内容是涉及多学科交叉且更为复杂的系列问题，虽然国内外学者针对滑坡涌浪的传播特性已经做了大量的理论研究、试验研究，但很少考虑滑坡涌浪对水工结构物的耦合影响，很少研究复杂脉冲涌浪作用下，船舶操控运动特性。因此，本书以三峡库区滑坡灾害为研究背景，以国家自然科学基金面上项目和重庆市基础研究与前沿探索（重点）项目为支撑，对滑坡涌浪水域船舶非线性运动机理及预控方法进行深入研究。本书共分为6章，具体的研究内容如下：

第1章为绪论，以搜集滑坡涌浪灾害事故资料为背景，结合《中华人民共和国国民经济和社会发展第十三个五年规划纲要》的主要内容，提出滑坡涌浪水域船舶非线性运动机理及预控方法研究的背景及意义，从滑坡体高速运动的数值模拟方法、滑坡涌浪物理模型试验研究、船舶非线性运动理论、船舶通航安全及船舶操纵运动五个方面阐述国内外研究现状，进一步确定本书开展的工作和主要内容。

第2章为滑坡涌浪模型试验设计，通过查阅大量国内外相关文献，结合试验条件，确定物理模型试验的缩尺比，设计并制作物理模型试验中所需的滑架、滑槽、滑坡体、河道模型及静态、动态船舶模型，针对本书的研究内容，确定各工况监测点的位置，需测量的物理量，测量仪器的研发、测试、验证、调试等。

第3章为滑坡体入水砰击模拟研究，结合搜集的国内外研究资料，确定对船舶横摇运动幅值、纵摇运动幅值影响最为显著的试验工况；依托物理模型试验水域，建立滑坡体入水冲击的数学模型，并与Henrich试验结果进行对比验证，以确定理论分析结果的正确性；通过建立的滑坡体入水砰击模型，分析滑坡体入水冲击特征，研究滑坡体入水的过程，分析滑坡倾角、滑坡体位置、滑坡体积对滑坡体入水位移的影响；探讨滑坡倾角、滑坡类型、滑坡体积对自由液面的作用；探索滑坡倾角、滑坡类型、滑坡体积对滑坡体入水速度的影响规律。

第4章为滑坡涌浪水域船舶运动响应试验研究，根据《重庆市交通年度报告》，选取运输量较大的集装箱船，并制作相应的物理模型，通过自由衰减试验，验证船舶模型的可靠性及正确性，以滑坡涌浪空间传播规律为基础，从船舶与滑坡涌浪相互作用的三个阶段出发，分析典型的危险工况下船舶各自由度的运动特性，研究航行位置、航行速度、滑坡方量、航行状态（静止/航行）对船舶横摇运动变化特性的影响规律；为充分考虑船舶航行过程中的风险，研究滑坡涌浪的波陡特征及滑坡涌浪的爬升特征，确定滑坡涌浪波陡的测量方案，分析滑坡断面、直线河道、河道弯曲段的波陡变化特点，探讨船舶周围各个监测点的爬升特性，并结合波浪透射理论，分析滑坡涌浪透射系数。

第5章为滑坡涌浪水域船舶通航安全预控方法研究，结合前期调研结果，提出滑坡涌浪水域船舶应急系泊预控方法，结合各种系泊方式的利与弊，确定本预控方法的船舶系泊形式，研究滑坡涌浪水域船舶艏艉系泊、多点系泊方式的系泊特性，对比分析两种系泊方式的优缺点，提出合理的系泊系统设计及布置方案；同时，结合国内外的研究热点及难点，提出滑坡涌浪水域船舶应急操纵预控方案，研究浪向、航行位置对船舶的横摇运动特性及纵摇运动特性的影响规律。

第6章滑坡涌浪水域船舶操纵运动特性研究，通过回转试验及Z型试验来验证模型的正确性及准确度，研究船舶在不同舵角下的回转轨迹，分析航速、浪向、航行位置对船舶运动轨迹的影响，并针对实际工程现状，研究船舶在横浪、斜浪22°、斜浪169°时的应急操纵特性。

1.3.2 研究方法及技术路线

1.3.2.1 研究方法

本书采用试验分析、理论分析、数值分析等多种手段相结合的研究方法，基于岩体滑坡涌浪的空间传播规律及船舶操纵运动理论，研究滑坡涌浪要素与船舶强非线性运动的相关性，分析滑坡涌浪水域船舶的操纵运动特性，具体如下：

（1）文献资料搜集与分析：通过三峡库区重庆段万州区的实地考察和资料收集，了解该区域具体水文、地质情况，根据该区域水位变化规律，进行模型试验的相似设计；

（2）理论研究：针对滑坡体高速入水的多相流动特性，分析滑坡涌浪的首浪高度变化及沿程涌浪传播规律；

（3）试验研究：包括超声波浪采集分析系统、船舶运动测试系统、升级、改造岩体滑坡涌浪发生装置、波动信号及船舶模型基本性能测试等；

（4）数值分析：针对滑坡涌浪物理模型试验，研究滑坡涌浪水域船舶强非线性运动的计算方法，建立滑坡涌浪水域船舶的漂移运动模型。

1.3.2.2 技术路线

首先，根据三峡库区重庆段万州区的河道特征，从滑坡体高速入水多相流动特性的角度出发，分析滑坡体入水砰击特性，研究滑坡体入水速度、加速度、位移及自由面变化特征，重点攻克滑坡体入水动网格的迭代、重构、更新及初始化等技术难题，阐明滑坡角度、滑坡方量对滑坡涌浪空间传播特性的影响。

其次，基于升级版的超声波浪采集分析技术，研究滑坡涌浪首浪高度随滑坡体性质（体积、宽厚比）的变化特性，分析滑坡沿程涌浪在河道（直线河道、弯曲河道、弯曲河道远端）内的空间传播规律。

再次，从滑坡沿程涌浪与船舶相互作用的角度出发，研究滑坡涌浪水域船舶强非线性运动特性，分析航行位置、航行速度、滑坡方量对船舶运动响应的影响规律。

最后，基于船舶操纵运动理论，建立滑坡涌浪水域船舶操纵运动数学模型，揭示滑坡涌浪与船舶强非线性运动的相关性，通过进一步分析试验测试的滑坡涌浪特征，构建进入滑坡涌浪水域船舶通航安全风险应对技术，本书的具体技术路线如图1-3所示。

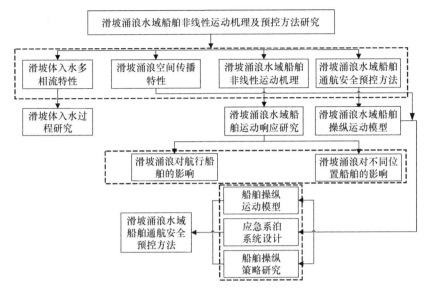

图 1-3 技术路线图

Fig. 1-3 Technology roadmap

1.3.3 创新点

本书的研究范围包含水利工程、船舶与海洋工程、岩石力学、信号处理、实验力学等多个学科的交叉，研究内容既是基础理论，又是工程前沿问题，具有较高的创新层次，其特色之处及预期的创新点如下：

（1）探究滑坡涌浪产生的动力学机理及滑坡涌浪空间传播规律，分析滑坡涌浪水域船舶位置、速度及滑坡方量对船舶非线性运动影响。

（2）基于船舶在波浪上的运动理论，推导悬链线方程，设计滑坡涌浪水域系泊系统，预报系泊状态船舶的非线性运动及系泊缆顶端张力特性，提出滑坡涌浪水域船舶应急抛锚及转向的预控方法。

（3）基于"危险源控制＋涌浪传播路径控制＋船舶操纵性控制"的思路，结合船舶操纵运动思想，建立滑坡涌浪水域船舶的漂移运动模型，提出滑坡涌浪水域船舶通航安全的预控方法，为三峡库区船舶安全通航提供强有力的理论基础。

第 2 章　滑坡涌浪模型试验设计

本章通过物理模型试验对滑坡涌浪的形成过程、传播特性及船舶与滑坡涌浪的耦合作用进行研究，所有的模型试验依据傅汝德数相似进行设计，通过调研三峡库区的河道现状，结合本单位的试验条件，模型的缩尺比选取为1∶70，本次试验选取三峡库区典型散状岩体滑坡，依据研究背景，设计滑坡涌浪的发生装置，如滑架、滑槽、滑坡体等，选取三峡库区重庆段万州区沱口码头航道为研究对象，设计、概化、建造河道的三维实体模型，考虑滑坡体的方量、宽厚比、船舶的航行位置、航行速度、运动状态等因素，设计相关的试验工况。

2.1　滑坡涌浪模型试验

自然界中发生滑坡涌浪规模较大，发生的时刻又具有不确定性，很难捕捉到滑坡涌浪的原始数据，因此，本章通过物理模型试验设计，包括滑槽、滑架、河道、滑坡体、超声波浪采集分析仪、船舶姿态运动采集装置等，研究滑坡涌浪的空间传播规律及船舶在滑坡涌浪水域的运动特性。

2.1.1　缩尺比

为保证缩尺模型试验现象与原型试验现象一致，需要保证几何相似、运动相似及动力相似[84]，如图 2-1（a）～图 2-1（c）所示，分别为长度 L，速度 U，外力 F 的缩尺比示意图。

几何相似指所有模型与原型的长度的比值是相同的，原型长度为 L_P，模型长度为 L_M，二者的比值定义为长度的缩尺比，见公式（2-1）。

$$\lambda_L = \frac{L_P}{L_M} \quad (2\text{-}1)$$

如果原型和模型的对应点存在同名速度，且速度矢量图成几何相似，就满足运动相似，包含着时间间隔的相似，由于原型和模型对应的长度成一定的比

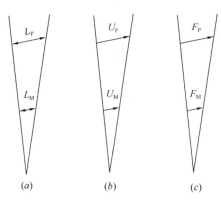

图 2-1　缩尺比示意图
Fig. 2-1　Scale diagram

例，对应的时间间隔也成一定的比例，速度相似的定义见公式（2-2）。

$$\lambda_U = \frac{U_P}{U_M} \qquad (2\text{-}2)$$

如果原型与模型在对应瞬时，对应点上受相同性质力的作用，力的方向相同，且各对应的同名力成同一比例[85]，即为动力相似，定义见公式（2-3）。

$$\lambda_F = \frac{F_P}{F_M} \qquad (2\text{-}3)$$

水工模型试验过程中，惯性力、压力、重力、黏性力、表面张力和压强都满足原型与模型的缩尺比关系是很难实现的，实际水工模型试验过程中，要保证惯性力与重力的比值满足相应缩尺比[86]，即为傅汝德数相似，定义见公式（2-4）。

$$F_G = \frac{U}{\sqrt{gL}} \qquad (2\text{-}4)$$

2.1.2 滑架设计

滑架是滑坡体的主要承载装置，布置于河道滑坡涌浪断面的一侧，主要材料为 20 号的工字钢，滑架的长度为 3m，宽度为 2m，高度为 2m，滑架上装有滑槽，用于装载滑坡体；滑架上装有重力提升装置，用于将滑入河道内的滑坡体移出水面。滑架的布置示意图如图 2-2 所示。

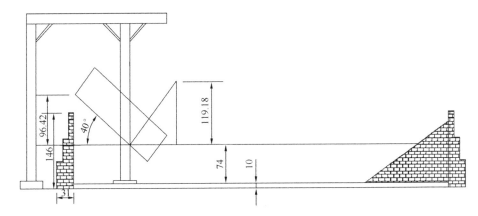

图 2-2 滑架的布置示意图

Fig. 2-2 The layout diagram of carriage

2.1.3 滑槽设计

滑槽采用钢制材料制作而成，呈长方体结构，设有滑槽底面、滑槽边板、滑槽尾板，滑槽的长度为 2m，高度为 0.6m，宽度设置有三个档位，每个档位对应

图 2-3 滑槽及滑架

Fig. 2-3 Chute and carriage

宽度分别为 0.5m、1m 和 1.5m，滑槽倾斜的角度可调节，结合本次试验工况及滑坡地质灾害实际调研结果，库区滑坡面坡度主要为30°～60°，所以，本次试验滑槽的倾斜角度取其平均值，并根据滑坡滑面倾角统计结果，将滑面倾角调整为40°。同时，每组工况试验前，需对滑槽底部及滑槽边板内侧进行打磨，粗糙度一致，以保证滑块每次下滑时，所受的总摩擦阻力相等，滑槽及滑架如图 2-3 所示。

2.1.4 滑坡体设计

滑坡体在试验过程中，概化为矩形，滑坡体的整体长度为1m，通过调整滑坡体的宽度及厚度控制滑坡体的体积、滑坡体的宽厚比；滑坡体需要进行合理的概化，将其离散为各种尺寸的岩石块体，根据实际调研结果，合理模拟结构面的块体空间，滑坡体的密度则根据岩体的密度、泥沙密度、砂岩天然密度、泥岩天然密度配比而成，取其平均密度。

2.1.5 河道模型设计

河道模型以三峡库区重庆段万州沱口区域为研究对象，按照1∶70的比例进行设计、建造。建造过程中采用模型断面法，第一步对河道模型进行概化，依照实际调研数据，进行分断面设计、处理，如图 2-4 所示；第二步对河道模型的各

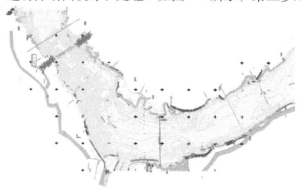

图 2-4 河道地形示意图

Fig. 2-4 The topography diagram of channel

断面进行三维的放样，保证每个断面数据的准确性；第三步对放样木板进行加工处理，保证各断面按照原始数据换算后的准确性，如图 2-5 所示；第四步对河道底部进行概化处理，将河道整体分解为直线区域、滑坡断面区域及河道弯曲区域，如图 2-6 所示；第五步依据放样后的模型，对河道进行浇筑，建造，如图 2-7 所示；第六步，为保证模型工作的有效性，对建造的模型进行防水处理，以防止出现渗漏。

图 2-5　河道断面图

Fig. 2-5　Channel profile

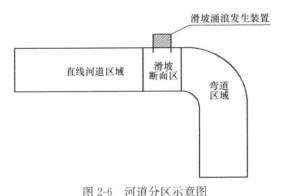

图 2-6　河道分区示意图

Fig. 2-6　The diagram of channel partition

图 2-7　河道实体模型图

Fig. 2-7　The solid model diagram of channel

2.1.6　河道水深

三峡库区水位变动主要有 145m、155m 和 175m 三级水位，结合模型试验条件，河道模型为梯形断面，选取三峡库区蓄水最低水位，按照几何缩尺比进行换算，选取水深 0.74m，即河道最低位置到水面的垂直高度。

2.2 滑坡涌浪试验测量

滑坡涌浪模型试验过程中，根据河道模型的尺寸，结合滑坡沿程涌浪的传播特性，合理布置滑坡涌浪监测点，自主研发设计超声波浪采集分析装置，以便于监测河道内测点水位值变化情况，同时，本章研究船舶在滑坡涌浪作用下的非线性运动，自主研发设计船舶姿态运动采集装置，用于研究船舶各自由度的变化情况。

2.2.1 测点布置示意图

河道模型依托于三峡库区万州江南沱口码头河段，河道断面为梯形，直道段采用概化模拟的方式，弯道概化为90°拐角，结合试验条件及试验可操作性考虑，将模型的几何比尺选取为1：70，经验证最小水深及雷诺数均满足要求；河道模型采用断面法制作并对河底地形进行合理概化，布置7个监测点用于监测河道内初始涌浪高度及沿程涌浪高度，1号、2号、3号监测点位于滑坡点的滑坡断面上，为便于精准地监测滑坡体产生的初始涌浪高，且为避免滑块撞击到波高仪，选取距入水点1.5m处作为1号点的监测位置。2号点在航道的中轴线处，3号点的设置在距离岸边1.4m位置，尽量满足波高仪的最低入水深度要求，4号点和5号点位于同一斜截面，用于监测直线航道的涌浪变化情况，6号点和7号点位于弯道处斜截面上，用于监测弯曲航道的涌浪情况。其中，3号点、4号点和6号点，5号点和7号点各位于相同半径的圆弧上，其目的是分析河道地形及概化模型对滑坡涌浪的影响，河道概化模型及滑坡涌浪监测点位置，如图2-8所示。

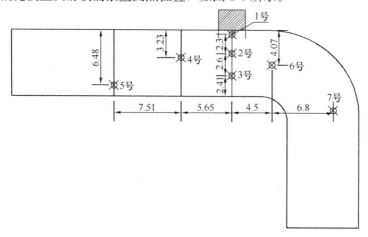

图 2-8　测点布置示意图

Fig. 2-8　The diagram of measuring point arrangement

2.2.2 超声波浪采集分析装置

测量仪器采用自主研发设计的超声波浪采集分析仪,可以采集不同监测点的最大波高、最大周期、有义波高和有义周期,试验过程中,设备的采集时间为50s,采集频率为50Hz。河道内布置仪器测量涌浪特性,仪器经过测试,具有较好的适应性及精度。超声波浪分析仪共有16个通道,为便于试验数据的整理,每个通道与每个测点相对应,通道8为地线,放置于河道模型底部,试验过程所使用的超声波浪分析系统如图2-9所示[87]。

超声波的波长比声波短,具有较好的方向性,而且能透过不透明的物质,超声波测量仪器的测量精度与超声波的频率有关,频率越高,测量精度越高,但是,频率越高,测量距离越短,权衡两者,试验过程中选用的是1m超声波探头,在$5\mu m$的电动位移平台上对传感器进行标定,精度小于0.1mm;试验过程中,将超声波浪测量仪安装在测桥上,试验过程中,选取最大方量滑坡体沿着滑槽下滑,根据滑坡涌浪首浪高度最大实际测量值情况,将超声波浪测量仪放置于水面以下30cm位置,并对测量仪器进行标定,超声波浪测量系统如图2-10所示[87]。

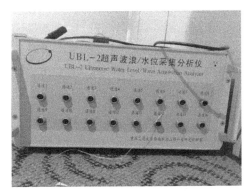 

图 2-9 超声波浪分析仪　　　　　图 2-10 超声波浪测量仪
Fig. 2-9 Ultrasonic wave analyzer　　Fig. 2-10 Ultrasonic wave measuring instrument

2.2.3 流速仪

试验过程中,需对滑坡涌浪水域流场及流速的变化进行分析,采用大范围表面流场测量系统。针对滑坡涌浪水域局部区域流场及流速的变化,采用重庆交通大学自主研发设计的旋桨流速仪,流速采集系统采用自主研发的实时动态信号采集分析系统,水工物理模型大范围表面流场测量系统如图2-11(a)、图2-11(b)所示。

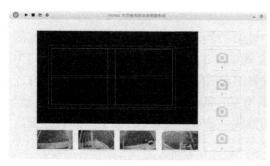

(a) 测量系统　　　　　　　　　(b) 图像采集系统

图 2-11　水工物理模型大范围表面流场测量系统

Fig. 2-11　Hydraulic physics model for a large area of surface flow field measurement system

2.2.4　系泊缆索张力测量系统

试验过程中，研究不同系泊方式对船舶运动响应幅值的影响及各系泊缆索顶端张力的变化过程，船舶系泊缆索顶端张力的测量采用动态信号测试分析系统。试验过程中，将拉力环的一端固定于系泊缆索顶端，另一端固定于船舶模型导缆孔的位置，船舶运动过程中，系泊缆索不断出现张紧-松弛状态，系泊缆索顶端张力不断发生变化，拉力环受力变形，引起电信号的变化，将电信号的变化幅值与试验前拉力环的标定值进行比较，进而分析系泊缆索顶端张力的幅值变化情况。

2.3　滑坡涌浪模型试验工况

结合灾后原型观测资料及岩体滑坡模型设计等因素，试验采用单因子试验方案，主要以滑坡体的宽度、厚度及地形为变量，在浅水情况下更易形成较大的浪高。试验水深选取为 0.74m，主要模拟库区沿岸土体在高水位浸泡下发生山体滑坡。试验工况共 69 种，为考虑试验过程中研究区域的下滑阻力，每种工况进行三组试验，第一组试验确定波高仪的位置，第二组与第三组试验测得滑坡涌浪各监测点的波高值，如果第二组试验数据与第三组试验数据的误差范围在 5% 以内，则将两组数据的平均值作为试验的研究结果，如果第二组试验数据与第三组试验数据的误差范围超过 5%，则进行第四组试验，按照上述试验规则，确定滑坡涌浪模型试验的相应测量结果，具体试验工况如表 2-1 所示。

工 况 表 表 2-1
Working table Table 2-1

序号	水深（m）	入水角（°）	方量（长×宽×厚）	航行位置	航行速度（m/s）	备注
1	0.74	40	1m×0.5m×0.2m	—	—	—
2	0.74	40	1m×0.5m×0.4m	—	—	—
3	0.74	40	1m×0.5m×0.6m	—	—	—
4	0.74	40	1m×1m×0.2m	—	—	—
5	0.74	40	1m×1m×0.4m	—	—	—
6	0.74	40	1m×1.5m×0.2m	—	—	—
7	0.74	40	1m×1.5m×0.4m	—	—	—
8	0.74	40	1m×0.5m×0.2m	3号	0	—
9	0.74	40	1m×0.5m×0.6m	3号	0	—
10	0.74	40	1m×0.5m×0.6m	2号	0	—
11	0.74	40	1m×0.5m×0.6m	1号	0	—
12	0.74	40	1m×0.5m×0.6m	1号	0.5	—
13	0.74	40	1m×0.5m×0.6m	3号	0.5	—
14	0.74	40	1m×0.5m×0.6m	2号	0.5	—
15	0.74	40	1m×0.5m×0.6m	2号	0.3	—
16	0.74	40	1m×0.5m×0.6m	1号	0.3	—
17	0.74	40	1m×0.5m×0.6m	3号	0.3	—
18	0.74	40	1m×0.5m×0.6m	2号	0.7	—
19	0.74	40	1m×0.5m×0.6m	1号	0.7	—
20	0.74	40	1m×0.5m×0.6m	1号	0.4	—
21	0.74	40	1m×0.5m×0.6m	2号	0.4	—
22	0.74	40	1m×0.5m×0.6m	3号	0.4	—
23	0.74	40	1m×0.5m×0.6m	1号	0.6	—
24	0.74	40	1m×0.5m×0.6m	2号	0.6	—
25	0.74	40	1m×1.5m×0.2m	2号	0	—
26	0.74	40	1m×1.5m×0.2m	3号	0	—
27	0.74	40	1m×1.5m×0.2m	1号	0	—
28	0.74	40	1m×1.5m×0.2m	2号	0.6	—
29	0.74	40	1m×1.5m×0.2m	1号	0.6	—
30	0.74	40	1m×1.5m×0.2m	2号	0.3	—
31	0.74	40	1m×1.5m×0.2m	1号	0.3	—

续表

序号	水深（m）	入水角（°）	方量（长×宽×厚）	航行位置	航行速度（m/s）	备注
32	0.74	40	1m×1.5m×0.2m	3号	0.3	—
33	0.74	40	1m×1.5m×0.2m	2号	0.4	—
34	0.74	40	1m×1.5m×0.2m	1号	0.4	—
35	0.74	40	1m×1.5m×0.2m	2号	0.5	—
36	0.74	40	1m×1.5m×0.2m	1号	0.5	—
37	0.74	40	1m×1.5m×0.2m	2号	0.7	—
38	0.74	40	1m×1.5m×0.2m	1号	0.7	—
39	0.74	40	1m×1.5m×0.4m	2号	0	—
40	0.74	40	1m×1.5m×0.4m	2号	0.3	—
41	0.74	40	1m×1.5m×0.4m	2号	0.4	—
42	0.74	40	1m×1.5m×0.4m	2号	0.5	—
43	0.74	40	1m×1.5m×0.4m	2号	0.7	—
44	0.74	40	1m×1.5m×0.4m	2号	0.6	—
45	0.74	40	1m×1m×0.4m	2号	0	—
46	0.74	40	1m×1m×0.2m	2号	0	—
47	0.74	40	1m×0.5m×0.4m	2号	0	—
48	0.74	40	1m×0.5m×0.6m	3号	0.6	—
49	0.74	40	1m×0.5m×0.6m	3号	0.7	—
50	0.74	40	1m×1.5m×0.2m	3号	0.4	—
51	0.74	40	1m×1.5m×0.2m	3号	0.5	—
52	0.74	40	1m×1.5m×0.2m	3号	0.6	—
53	0.74	40	1m×1.5m×0.2m	3号	0.7	—
54	0.74	40	1m×1m×0.2m	—	—	流场测定
55	0.74	40	1m×1m×0.4m	—	—	流场测定
56	0.74	40	1m×1m×0.6m	—	—	流场测定
57	0.74	40	1m×1m×0.4m	—	—	波陡测定
58	0.74	40	1m×1m×0.4m	—	—	波陡测定
59	0.74	40	1m×1m×0.4m	—	—	波陡测定
60	0.74	40	1m×1m×0.4m	—	—	爬升测定
61	0.74	40	1m×1m×0.4m	—	—	爬升测定
62	0.74	40	1m×1m×0.4m	—	—	系泊方式
63	0.74	40	1m×1m×0.4m	—	—	系泊方式
64	0.74	40	1m×1m×0.4m	—	—	系泊方式

续表

序号	水深（m）	入水角（°）	方量（长×宽×厚）	航行位置	航行速度（m/s）	备注
65	0.74	40	1m×1m×0.4m	—	—	系泊方式
66	0.74	40	1m×1m×0.4m	—	—	应急转向
67	0.74	40	1m×1m×0.4m	—	—	应急转向
68	0.74	40	1m×1m×0.4m	—	—	应急转向
69	0.74	40	1m×1m×0.4m	—	—	应急转向

2.4 本章小结

本章主要对滑坡涌浪的模型试验进行设计，确定模型试验的缩尺比，结合三峡库区岩体特点，升级改造滑架、滑槽、河道模型，研发、设计、调试超声波浪采集分析仪，船舶运动姿态采集分析仪，大规模表面流场测量系统、系泊缆顶端张力动态信号测试分析系统等设备设施，结合研究的技术路线，确定试验组次及试验工况。

第 3 章　滑坡体入水砰击模拟研究

山体滑坡是指山体斜坡上某一部分岩土在重力作用下，沿着一定的软弱结构面产生剪切位移而整体向斜坡下方移动的现象。陆地上的滑坡会对城市建设、公路产生直接影响，而在水库、河流、港口或者海岸等具有一定水深的区域发生山体滑坡，将会产生巨大的水波沿岸传播，冲击涌浪会对水利枢纽、沿岸人员、建筑、植被的安全构成一定的威胁，如果灾害的影响范围扩大，将会对人们的生命财产造成巨大的损失，然而落入水中的土石还会堵塞河道、恶化航道水流条件。

基于不可压缩均质流体的控制方程，采用有限体积法对控制方程进行逐步离散，模拟的过程中，自由面采用稳定性较好的多项流控制方程 VOF（volume of fluid）的方法，能够模拟自由面的瞬时变化，适用于滑坡体入水过程的计算。本章主要研究滑坡体的入水过程、滑坡体入水的加速度及位移变化特点，滑坡体入水后自由液面变化特征等内容。

3.1　入水砰击模型的建立

物体入水是一个复杂的现象，模拟过程中不可能得到入水过程中流体流动的所有细节，因此，分析该问题需要进行合理的简化，本节涉及的基本方程为质量守恒方程及动量守恒方程。

质量守恒方程：

$$\frac{\partial \rho}{\partial t} + \frac{\partial (\rho u_i)}{\partial x_i} = S_{\mathrm{m}} \tag{3-1}$$

该方程是质量守恒方程的一般形式，适用于可压缩流动及不可压缩流动。

动量守恒方程：

$$\frac{\partial (\rho u_i)}{\partial t} + \frac{\partial (P u_i u_j)}{\partial x_j} = -\frac{\partial P}{\partial x_i} + \frac{\partial \tau_{ij}}{\partial x_j} + \rho g_i + F_i \tag{3-2}$$

式中，P 为静压；τ_{ij} 是应力张量；ρg_i 和 F_i 分别为重力体积力和外部体积力。

应力张量由式（3-3）给出：

$$\tau_{ij} = \left[\mu\left(\frac{\partial u_i}{\partial x_j} + \frac{\partial u_j}{\partial x_i}\right)\right] - \frac{2}{3}\mu \frac{\partial u_i}{\partial x_i}\delta_{ij} \tag{3-3}$$

模拟过程中，需要选择湍流模型，为满足计算能力、提高计算精度，选择 RNG k-ε 湍流模型[89]。

RNG k-ε 湍流模型的方程：

$$\frac{\partial}{\partial t}(\rho k) + \frac{\partial}{\partial x_i}(\rho k u_i) = \frac{\partial}{\partial x_i}\left[\left(\mu + \frac{\mu_t}{\sigma_k}\right)\right]$$
$$+ G_k + G_b - \rho\varepsilon - Y_M + S_k \quad (3-4)$$

$$\frac{\partial}{\partial t}(\rho\varepsilon) + \frac{\partial}{\partial x_i}(\rho\varepsilon u_i) = \frac{\partial}{\partial x_i}\left[\left(\mu + \frac{\mu_t}{\sigma_\varepsilon}\right)\frac{\partial \varepsilon}{\partial x_j}\right]$$
$$+ C_{1\varepsilon}\frac{\varepsilon}{k}(G_k + C_{3\varepsilon}G_b) - C_{2\varepsilon}\rho\frac{\varepsilon^2}{K} + S_\varepsilon \quad (3-5)$$

式中，G_k 表示由层流速度梯度而产生的湍流动能；G_b 是由浮力产生的湍流动能；Y_M 是由于在可压缩湍流中，过渡的扩散产生的波动；C_1，C_2，C_3 是常量；σ_k 和 σ_ε 是 k 方程和 ε 方程的湍流 Prandtl 数；S_k 和 S_ε 是用户定义的。

为验证入水砰击模型的准确性，选取该领域较为经典 Henrich[18] 试验结果作为参考标准，选取与其试验模型相同的物理参数，斜坡块体下滑示意图如图 3-1 所示。

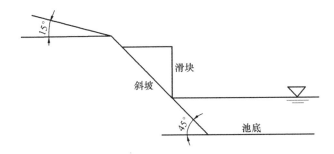

图 3-1 斜坡块体下滑示意图

Fig. 3-1 Diagrammatic sketch of gliding

试验过程中，将滑块设置为直角边长为 0.5m 的等腰三角形，斜坡的倾角设置为 45°，斜坡上的岸坡倾角设置为 15°，试验水深设置为 0.4m，滑坡体下滑前的入水点在水面以下 0.01m 处。试验过程中，滑坡体依靠自身的重力沿着设定斜面下滑，滑坡体在下滑过程中，为了保持结构模型的完整性，滑坡体刚刚接近水槽底部位置时，滑坡体速度迅速设置为零，使滑坡体停止运动。

采用 GAMBIT 软件完成模型建立及网格划分，为有效提高网格质量，加快整个模型计算速度，准确监测结构化网格结果，降低非结构化网格产生的液面波动，计算域动态网格区域采用三角形网格划分，静态区域采用矩形结构化网格划分，为满足计算的要求，在滑块附近适当增加网格的疏密程度。动态区域的网格大小为 5cm×5cm，共计 8640 个单元；对滑块附近进行加密处理，网格大小为 2cm×2cm，共计 8857 个单元；整个计算域单元总数为 17497 个，如图 3-2 所示。

模拟过程中网格更新方案为动态铺层方法，通过紧靠运动边界的第一层高度 h 的变化来分裂或溃灭网格单元。以第 i 层网格为例，在网格不断拉升的过程中，单位高度的增加存在临界值，可表示为：

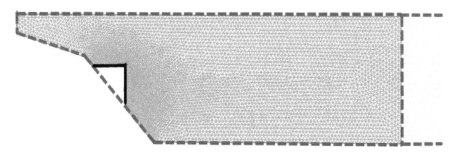

图 3-2 网格划分示意图

Fig. 3-2 Grid diagram

$$H_{\max} = (1+S) H_0 \qquad (3-6)$$

式中，$H_{\max}$ 为网格不发生分裂时的最大高度；S 为分裂系数（Split factor）；H_0 为理想单元高度。

当网格单元的高度大于 $H_{\max}$ 时，将分裂成两个单元，即：

$$h > (1+S) H_0 \qquad (3-7)$$

若第 i 层网格压缩时，其网格高度的极限为：

$$H_{\min} = C \times H_0 \qquad (3-8)$$

式中，C 为破裂系数（Collapse factor）。

当网格压缩到一定的高度 $H_{\min}$ 时，将发生破裂合并到相邻的网格上[85]，即：

$$h < C \times H_0 \qquad (3-9)$$

在模型边界条件设置中，模型的顶部为压力出口（Pressure-Outlet），静压力恒定不变，滑块在下滑过程中设定为刚体，即假设在滑块整个下滑过程中，不发生任何变形；模型中将斜坡和水槽设置为无滑动的刚性壁面，在初始时刻（$t=0$s）时，整个计算域中的流体速度、动水压力及自由液面位移均设置为零。

在模型计算参数设置中，两相流的初相和第二相分别设置为空气和水，湍流模型设置为 RNG k-ε 湍流模型，动网格采用 Smoothing 和 Remeshing 的更新方法。在计算环境中，重力加速度为 -9.81m/s^2，空气密度为 1.225kg/m^3，水的密度为 998.2kg/m^3，时间步长为 0.1s，在模型计算过程中，通过修改边界节点松弛因子和弹性常数，使迭代稳定收敛。

3.2 滑坡体入水砰击特征分析

以三峡库区重庆段万州沱口码头局部水域为研究实例，依据建立的数学模型，详细分析涌浪传播过程。图 3-3 为研究区域的电子航道图，从图中可以得到航道深度、航道宽度、水流速度等参数，根据航道地形图的相关数据，对河道底部进行简化处理；图 3-4 为研究区域的河床断面图，从图中可以看出研究区域的水深、桥墩之间的距离，确立滑坡体入水砰击模型。

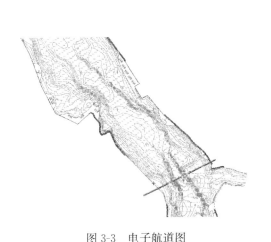

图 3-3 电子航道图
Fig. 3-3 Inland ECDIS

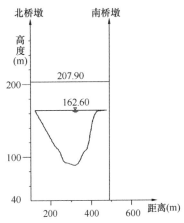

图 3-4 河床断面图
Fig. 3-4 Riverbed profile

3.2.1 滑坡体入水过程研究

滑坡体高速下滑入水过程中，滑坡体与水平面接触，伴随着空泡初成、开空泡、闭合后的空泡、空泡溃灭、滑坡涌浪的形成及传播等阶段，各个阶段均涉及高速入水滑坡体的运动、气体运动和液体运动，三者的物理属性及运动特性都与入水的空泡发生及发展过程相互耦合。本节重点研究滑坡体厚度、滑坡体入水角及滑坡体临水状态等变量对滑坡涌浪的产生、传播及空泡演化过程的影响，主要研究工况如表 3-1 所示。

工 况 表　　　　　　　　　　　　　　　　　表 3-1
Working table　　　　　　　　　　　　　　　Table 3-1

工况	滑坡体积（m³）	入水角度（°）	滑坡类型
1	68600	40	临水滑坡
2	137200	40	临水滑坡
3	205800	40	临水滑坡
4	68600	60	临水滑坡
5	68600	30	临水滑坡
6	68600	40	水上滑坡
7	68600	40	水中滑坡

滑坡体从静止位置加速下滑入水，滑坡体的位置、空泡的演化过程、滑坡涌浪的传播形式时刻发生变化。模拟过程中，设置滑坡体与自由水面接触时刻为 0

时刻,滑坡体的下端与自由液面刚好接触,如图 3-5(a)所示;下一时刻,滑坡体进入设定水域,滑坡体的前缘浸入水中,打开一个开口空腔,滑坡涌浪开始逐渐形成,滑坡涌浪的波形为抛物线形状,如图 3-5(b)所示;随着入水时间的增加,滑坡体的浸水体积逐渐增大,入水点附近水域的自由液面受扰动程度逐渐增加,形成一定规模的滑坡涌浪,如图 3-5(c)所示;当 $t=8.0s$ 时,滑坡受扰水域的范围逐渐增大,滑坡涌浪逐渐向前推移传播,如图 3-5(d)所示;当 $t=8.5s$ 时,滑坡体运动至河道底部,滑坡涌浪逐渐开始回涌,入水空泡未闭合,滑坡涌浪继续向前传播,影响范围继续增加,如图 3-5(e)所示;当 $t=9.5s$ 时,滑坡涌浪继续回涌,滑坡入水点左右两侧水面开始闭合,将空泡和外界空气域隔开,滑坡涌浪继续向前传播,如图 3-5(f)所示;当 $t=10.5s$ 时,闭合空泡内压缩大量气体,压缩的气体同时对流体产生挤压作用,使空泡射流底部面积逐渐减小,如图 3-5(g)所示;$t=11\sim 18.5s$,空腔内气体在射流的底部向外挤出开口,气体向外流出,形成尾流,液面产生明显的飞溅现象,并出现回流现象,滑坡涌浪继续向前传播,如图 3-5(h)~图 3-5(k)所示;$t=18.5s$ 时,滑坡涌浪向左侧岸边回流,空泡内部分气体未全部及时排出,部分气泡破裂夹在水体中,滑块附近部分气泡向河底运动,滑坡涌浪继续向前传播,如图 3-5(l)所示;$t=32.0s$ 时,左岸滑坡涌浪回落速度逐渐增加,滑块附近部分气泡向自由水面运动,如图 3-5(m)所示;$t=32.0s$ 时,水中气泡全部排出,滑坡涌浪继续向前叠加传播,如图 3-5(n)所示。

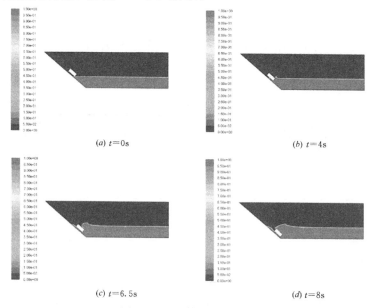

图 3-5 滑坡体的入水过程(一)

Fig. 3-5 The entry process of a landslide

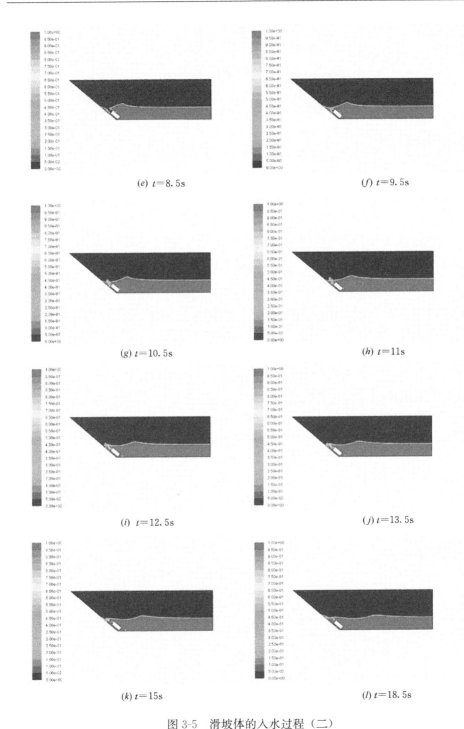

图 3-5 滑坡体的入水过程（二）

Fig. 3-5 The entry process of a landslide

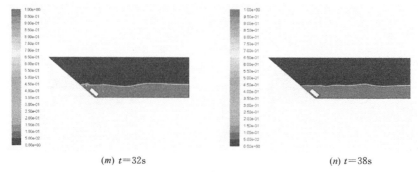

(m) $t=32$s (n) $t=38$s

图 3-5　滑坡体的入水过程（三）

Fig. 3-5　The entry process of a landslide

3.2.2　滑坡体入水位移变化特征研究

3.2.2.1　滑坡倾角对滑坡体入水位移的影响研究

通过对 3.2.1 节滑坡体入水及空泡演化过程的研究，了解滑坡体各个时刻在水中运动状态，如果要研究滑坡涌浪对水工结构物的作用，还需要分析密度、入水角度对滑坡体入水位移的影响。本节以三峡库区特殊的土质为研究对象，选取 30°、40°和 60°的斜坡倾角。图 3-6 表示相同滑坡方量、相同滑坡水深、不同滑坡角度的工况下，滑坡体入水后的位移变化过程，从图中可以看出，三种工况滑坡体的运动位移都随着时间历程的增加，呈现出先增大，后保持不变的趋势，滑坡倾角越大，滑坡体下滑的加速度越大，即 $a_0 = g \cdot \sin\alpha$，滑坡体较早运动至指定水深位置，到达河道底部后，滑坡体的垂向位移保持不变。从图 3-6 中可以看出

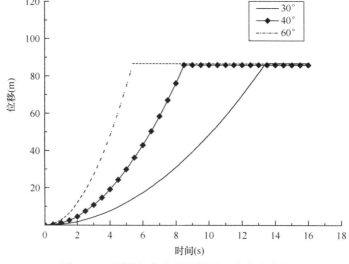

图 3-6　不同滑坡角度滑坡体的入水位移曲线

Fig. 3-6　The displacement water entry curve of slide with different slope angle

滑坡体沿着斜坡下滑，滑坡角度对滑坡体运动位移的影响规律，从而进一步确定河道堵塞的范围及过水断面的缩小量。

3.2.2.2 下滑位置对滑坡体入水位移的影响研究

滑坡类型主要分为临水滑坡、水下滑坡及水底滑坡（图3-7）。滑坡体的初始下滑位置对滑坡涌浪的特性有一定影响，水下滑坡主要考虑滑坡体和水体的相互作用，临水滑坡需要考虑滑坡体、水体和空气三相流的相互作用，在分析过程中，要重点研究滑坡体从开始下滑到入水的渐变过程。

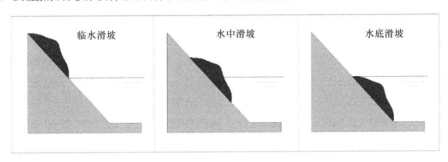

图 3-7　滑坡类型

Fig. 3-7　Type of landslide

根据三峡库区滑坡类型，研究典型工况滑坡体的入水位移变化规律，图3-8表示相同方量、相同水深、不同位置的滑坡体下滑后，滑坡体的位移变化曲线。临水滑坡表示滑坡体的前缘与水面刚好接触，水上滑坡表示在临水滑坡的基础上，滑坡体的垂直高度向上增加20m，水中滑坡表示在临水滑坡的基础上，滑坡体的垂直高度降低20m。从图中可以看出，三种工况下滑坡体的下滑位移曲线都

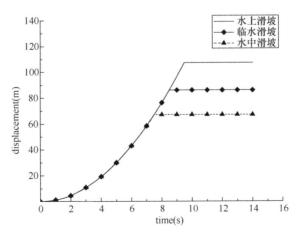

图 3-8　不同滑坡位置滑坡体的入水位移曲线

Fig. 3-8　The displacement water entry curve of slide with different position

呈现出先增加，后平稳的趋势；滑坡倾角相同，滑坡体下滑的加速度相同，当 t=0～7.5s 时，临水滑坡、水中滑坡及水上滑坡工况下，滑坡体运动位移曲线重合；t=7.5s 时，水中滑坡工况下，滑坡体的位移保持不变，最大的运动位移为 67m；t=7.5～8.5s 时，临水滑坡与水上滑坡工况下，滑坡体的运动运动位移继续增加；t=8.5s 时，临水滑坡工况下，滑坡体的运动位移保持不变，最大值为 86m；t=8.5～9.5s 时，水上滑坡工况下，滑坡体的运动位移仍然继续增大；t=9.5～14s 时间段，滑坡体运动至河道底部，滑坡体的位移保持不变，运动的最大值为 107m。

3.2.2.3 体积对滑坡体入水位移的影响研究

3.2.2.1 节和 3.2.2.2 节主要研究滑坡角度、滑坡类型对滑坡体入水位移的影响，本节在其基础上，分析滑坡体积对滑坡体入水位移的影响。结合表 3-1 中工况的设定，选取工况 1～工况 3 进行研究，滑坡体的体积依次增大。图 3-9 为滑坡体积对滑坡体入水位移的影响曲线，从图中可以看出，相同滑坡体积、相同的滑坡类型、不同的滑坡体积，滑坡体的下滑加速度与体积、质量无关，只与斜面的倾角有关，滑坡体沿着固定倾角的斜面下滑，滑坡体的加速度变化情况相同，滑坡体从滑坡入水点至河道底部的距离相同，滑坡体的垂向位移变化无明显差别，变化趋势和数值基本吻合，t=0～8.2s，滑坡体沿着斜面加速下滑，t=8.2s 时，滑坡体运动至河道底部，位移不再发生变化，最大位移值为 82m。

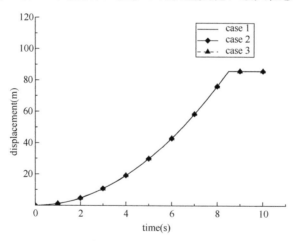

图 3-9 不同滑坡体积作用下滑坡体的位移变化

Fig. 3-9 The displacement of a landslide under different landslide volume action

3.2.3 滑坡涌浪自由液面特征分析

以滑坡涌浪研究区域的电子航道图及横截面断面图为根据，结合计算过程计算量和计算精度要求，拟定对几何模型及计算域进行简化处理，选取河道断面的宽度为 800m，水深为 90m，河道岸坡左右对称，在河道断面上，选取距离滑坡入水点 200m 处为监测点，重点分析滑坡倾角与滑坡类型对自由液面的影响，监测点设置如图 3-10 所示。

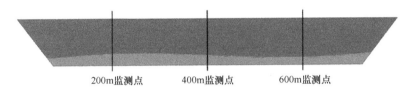

图 3-10　监测点设置示意图

Fig. 3-10　The schematic diagram of monitoring point setting

3.2.3.1　滑坡倾角对自由液面特征影响研究

为了更好地对比滑坡体角度对自由液面水位值变化的影响规律，确定滑坡涌浪在固定监测点的最大涌浪高度，图 3-11 表示在 200m 监测点处自由液面随时间的变化规律。从图中可以看出，滑坡体沿着不同的滑坡角度高速下滑，监测点位置先出现水位波动上升，再出现水位波动下降，相同时间内，各工况出现水位值变化的波峰数、波谷数基本一致；同时，监测点第一个峰值远大于第二个峰值，滑坡倾角为 30°的工况下，6.6s 出现第一个波峰，峰值大小为 13.17m；20.5s 出现第二个波峰，峰值大小为 1.27m；滑坡倾角为 40°的工况下，5.5s 出现第一个波峰，峰值大小为 9.04m；19.8s 出现第二个波峰，峰值大小为 4.92m；滑坡倾角为 60°的工况下，6.8s 出现第一个波峰，峰值大小为 5.83m；19.7s 出现第二个波峰，峰值大小为 5.33m。

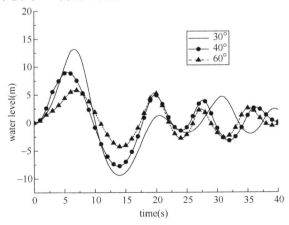

图 3-11　200m 监测点处水位值变化曲线

Fig. 3-11　The variation curve of water level at the monitoring point of 200m

3.2.3.2 滑坡类型对自由液面特征影响研究

由 3.2.2.2 节研究结果可知，滑坡体在不同的初始位置高速下滑入水后，全部能量传递给河道内水体，水上滑坡的初始位能较大，传递给水体能量越大，临水滑坡次之，水中滑坡最小。图 3-12 表示水上滑坡、临水滑坡和水下滑坡三种滑坡类型，滑坡体入水后，以河道左岸 200m 处为监测点，研究该处水位值的变化特征。从图中可以看出，水上滑坡和临水滑坡分别在 5.9s 和 5.5s 出现第一个峰值，峰值大小分别为 9.20m 和 9.04m；水上滑坡、临水滑坡及水下滑坡分别在 14s、13.8s 和 14.2s 出现第一个波谷值，波谷极值分别为 9.42m，7.8m 和 4.32m。

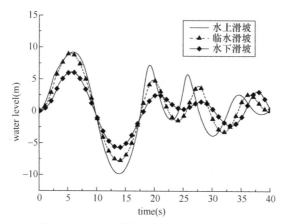

图 3-12　200m 监测点处水位值变化曲线

Fig. 3-12　The variation curve of water level at the monitoring point of 200m

3.2.3.3 滑坡体积对自由液面特征影响研究

滑坡体以不同体积滑入水中，滑坡体的运动位移基本一致，图 3-13 为滑坡

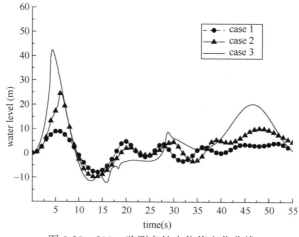

图 3-13　200m 监测点处水位值变化曲线

Fig. 3-13　The variation curve of water level at the monitoring point of 200m

体以不同体积滑入水中，200m 监测点处水位值的变化情况。从图中可以看出，滑坡体的体积越大，监测点位置的水位变化值越大，工况1、工况2、工况3 的滑坡入水体积依次增加，监测点处第一个波峰的峰值大小依次增加，波峰峰值依次为9.04m、25m、42.4m。从工况3 的水位值的时间历程曲线可以看出，滑坡涌浪的波峰与波谷表现出不对称的特性，第一个波峰经历的时间短，即0～9.3s，第一个波谷经历较长时间，即9.3～27.5s。第一个波峰高度值较大，其值为42.4m，波谷高度较小，其值为-11.4m。

3.2.4 滑坡体的入水速度变化规律研究

3.2.4.1 滑坡倾角对滑坡体入水的速度影响研究

滑坡体以相同的体积、相同滑坡类型，不同的滑坡角度入水，其入水速度变化曲线如图3-14 所示，滑坡体的下滑倾角不同，致使滑坡体的下滑加速度不一样，滑坡倾角为60°时，加速度最大；滑坡倾角为40°时，次之；滑坡倾角为30°时，下滑加速度最小。当滑坡倾角为60°时，滑坡体在入水5.4s后，较早运动到河道底部，最大入水速度为36.5m/s；当滑坡倾角为40°时，滑坡体在入水8.5s后运动到河道底部，最大入水速度为35.8m/s；当滑坡倾角为30°时，滑坡体在入水13.5s后运动到河道底部，最大入水速度为31.1m/s。

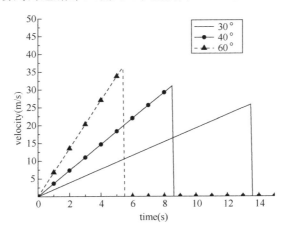

图3-14 滑坡体入水速度时间历程曲线

Fig.3-14 The velocity and time history curve of landslide into the water

3.2.4.2 滑坡类型对滑坡体入水的速度影响研究

滑坡体以相同的体积、相同滑坡倾角，不同的滑坡类型滑入河道内，其速度变化曲线如图3-15 所示；本章节选取的滑坡倾角为40°，致使滑坡体的下滑加速度相同，即三种工况下，曲线在7.5s前是完全重合的；滑坡类型不同，滑坡体运动到河道底部的时间及距离不同；水上滑坡类型，滑坡体的下滑位置与河道底

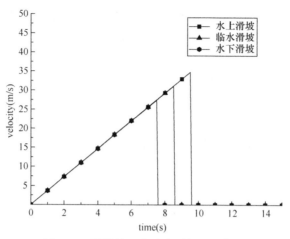

图 3-15 滑坡体入水速度时间历程曲线

Fig. 3-15 The velocity and time history curve of landslide into the water

部距离最远，滑坡体加速下滑过程越大，滑坡体在入水 9.5s 后，运动到河道底部，最大入水速度为 34.7m/s。当滑坡类型为临水滑坡时，滑坡体在入水 8.5s 后运动到河道底部，最大入水速度为 31.1m/s；当滑坡类型为水下滑坡时，滑坡体在入水 7.5s 后运动到河道底部，最大入水速度为 27.4m/s。从图 3-15 滑坡体入水速度时间历程曲线可知，滑坡体的下滑距离越大，滑坡体到达河道底部的速度越大、能量越大，引起的水面波动越剧烈。

3.2.4.3 滑坡体积对滑坡体入水的速度影响研究

滑坡体以相同的滑坡类型、相同滑坡角度、不同的滑坡体积滑入河道内，其速度变化曲线如图 3-16 所示。滑坡体的下滑角度相同，滑坡类型相同，致使滑

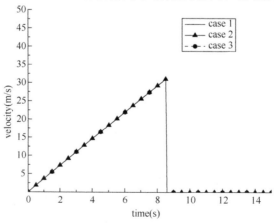

图 3-16 滑坡体入水速度时间历程曲线

Fig. 3-16 The velocity and time history curve of landslide into the water

坡体的下滑加速度，距离相同，即三种工况下，滑坡体入水速度时间历程曲线是完全重合的。滑坡体在入水 8.5s 后运动到河道底部，最大入水速度为 31.1m/s，从图 3-16 可以看出，滑坡体的下滑体积对滑坡体的下滑速度没有直接影响。

3.3 本章小结

本章建立滑坡体高速入水砰击模型，与经典的 Henrich 试验结果进行对比验证，以保证模型的正确性与准确度。研究表明，滑坡体的入水过程较为复杂，主要可分解为 14 个阶段，滑坡体前缘浸水-形成开口空腔-自由面出现扰动-滑坡涌浪推移-回涌-水面闭合-挤压气体-形成尾流-液体飞溅-回流-气泡破裂-滑坡涌浪回落-波浪叠加-向前传播。本章探讨 30°、40°和 60°滑坡倾角、滑坡位置、滑坡体积对滑坡体入水位移的影响规律。研究表明，滑坡体的运动位移呈现出先增大，后保持不变的趋势，滑坡倾角越大，滑坡体会提前到达河道底部，当滑坡倾角为 60°时，滑坡体到达河道底部的最大速度为 31.1m/s。水上滑坡工况下，滑坡体的运动位移最大，滑坡体加速时间越长，入水能量较大，监测点 200m 处最大水位值为 9.2m，同时，该工况中，滑坡体的滑动距离最大，滑坡体运动到河道底部的入水速度最大值为 34.7m/s，且滑坡体高速下滑后，由于滑坡体的高度较小，下滑时间较短，滑坡体入水后受河道内水体阻力影响较小，整体呈线性变化。

第 4 章 滑坡涌浪水域船舶运动响应试验研究

本章分析滑坡涌浪在河道内的产生、发展及传播过程，剖析滑坡沿程涌浪的传播规律，探讨滑坡体的物理参数对河道监测点的水位值影响，深入研究滑坡涌浪产生过程中河道内的流场变化情况，探索滑坡涌浪与船舶的耦合作用过程。根据《重庆市交通年度报告》，选取三峡库区营运船舶为研究对象，设计相应的物理模型试验，以航行位置、航行速度、滑坡方量、船航行状态为变量，分析联合工况中船舶的运动响应规律，根据试验研究结果，选取滑坡涌浪水域典型危险工况，研究船舶主要自由度的运动响应特性，以《内河船舶法定检验技术规则》为标准，判定船舶是否通航安全。

4.1 船舶设计及自由衰减试验

4.1.1 船舶类型

根据《中国船型汇编（2012~2016）》，目前国内船型主要分为五大类。第一类为液货船，共 35 型，如原油船，化学品船，液化天然气船等；第二大类为散货船，共 50 型，如散货船，矿砂船，多用途船，杂货船等；第三大类为集装箱船，共 16 型，如冷藏运输船，2700TEU 集装箱船，10000TEU 集装箱船等；第四大类为客船及滚装船，共 14 型，如双体客船，汽车滚装船，全回转客渡船等；第五大类为工程船，共 68 型，如全回转拖船，打捞工程船，深水铺管起重船等[90]。

结合三峡库区 2016~2017 年水路货运的实际情况，2017 年完成水路货运量 1.66 亿 t，较 2016 年增长 10.7%；水路货运量占综合运输货运总量的 15.4%，较 2016 年增加 0.9%；2017 年完成水路货物周转量 1876.1 亿 t，较 2016 年增长 10.4%；水路货物周转量占综合运输货物周转总量的 63.3%；较 2016 年增加 0.5%；水路货运平均运距 1127 公里，其中货物运输的主力船型为集装箱船。2016~2017 年集装箱吞吐量变化对比数据如图 4-1 所示。

4.1.2 船舶模型设计

几何形状相似和重量相近的船模，其升沉自摇周期是相似的，但是对于横摇

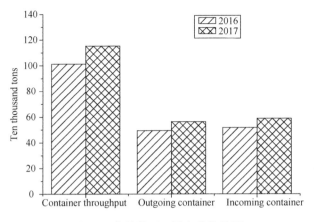

图 4-1 集装箱吞吐量变化柱状图

Fig. 4-1 The histogram of container throughput variation

和纵摇还应遵守质量分布相似，即重心位置、质量惯性矩相似。

船模的排水量：

$$D_\mathrm{m} = \frac{D_\mathrm{s}}{\lambda_0^3} \tag{4-1}$$

船模重心坐标：

$$x_\mathrm{gm} = \frac{x_\mathrm{gs}}{\lambda_0} \tag{4-2}$$

$$z_\mathrm{gm} = \frac{z_\mathrm{gs}}{\lambda_0} \tag{4-3}$$

船模惯性矩：

$$(J_{\varphi\varphi})_\mathrm{m} = \frac{(J_{\varphi\varphi})_\mathrm{s}}{\lambda_0^5} \tag{4-4}$$

要使船模与实船的质量分布相似。船模在试验前应进行静力校准和动力校准。

由力矩方程 $D_{x_0} = px$ 得

$$x_0 = \frac{p}{D}x \tag{4-5}$$

式中，D 为船模重量；p 为船模在支座上的压力，由台秤称出；x_0 为船模重心 G 到悬吊平面的距离；x 为支座至悬吊平面的距离。

$$h = \frac{M}{D\tan\varphi} \tag{4-6}$$

船模重心的坐标为

$$Z_\mathrm{g} = Z_\mathrm{e} + r - h \tag{4-7}$$

式中，Z_e 与 r 分别为船模浮心的竖坐标和稳心坐标。

纵向惯性半径

$$K_{\theta\theta} \approx 0.25L \tag{4-8}$$

$$J_{\theta\theta} = \frac{D}{g}K_{\theta\theta}^2 \tag{4-9}$$

横向惯性半径

$$K_{\varphi\varphi} \approx 0.35B \tag{4-10}$$

$$J_{\varphi\varphi} = \frac{D}{g}K_{\varphi\varphi}^2 \tag{4-11}$$

根据惯性矩的定义，则有

$$J_{\theta\theta} = \int_M (x^2+z^2)\mathrm{d}m = \int_M x^2\mathrm{d}m + \int_M z^2\mathrm{d}m \tag{4-12}$$

$$J_{\varphi\varphi} = \int_M (x^2+y^2)\mathrm{d}m = \int_M x^2\mathrm{d}m + \int_M y^2\mathrm{d}m \tag{4-13}$$

船模在水平面内作振荡运动的微分方程式可推导为

$$J_{\varphi\varphi}\ddot{\varphi} = M \tag{4-14}$$

将其代入力矩表达式，得

$$M = -\frac{Dc^2}{l}\varphi \tag{4-15}$$

式中，l——索子自悬吊点至其在船模上固定点之长度；
c——船模重心 G 至索子的距离。

$$J_{\varphi\varphi}\ddot{\varphi} + \frac{Dc^2}{l}\varphi = 0 \tag{4-16}$$

$$\ddot{\varphi} + \omega^2\varphi = 0 \tag{4-17}$$

船模在水平面内的振荡周期为

$$\tau = 2\pi/\omega = 2\pi\sqrt{J_{\varphi\varphi}l/Dc^2} \tag{4-18}$$

$$J_{\varphi\varphi} = Dc^2\tau^2/4\pi^2 l \tag{4-19}$$

根据物理摆的振荡周期公式

$$\tau_1 = 2\pi\sqrt{\frac{J_0}{Dh_1}} \tag{4-20}$$

式中，J_0——船模相对于摇荡轴的惯性矩；
h_1——船模重心 G 至摇荡轴的距离。
由此可求出

$$J_0 = Dh_1\left(\frac{\tau_1}{2\pi}\right)^2 \tag{4-21}$$

船模对穿出其重心的纵轴的质量惯性矩为

$$J_{\varphi\varphi} = J_0 - \frac{D}{g}h_1^2 = Dh_1\left[\left(\frac{\tau_1}{2\pi}\right)^2 - \frac{h_1}{g}\right] \tag{4-22}$$

第4章 滑坡涌浪水域船舶运动响应试验研究

船舶模型与河道模型选取相同缩尺比1∶70,船舶模型安装有动力驱动装置,通过调节主机转速控制船舶航行速度。试验过程中,通过控制螺旋桨转速,使船舶航行通过10m的固定距离,进而确定船舶的平均航行速度。将船舶的航行速度设置为0.3m/s、0.5m/s、0.7m/s,通过在船舶模型内部压载,使船舶模型保持满载状态,具体的船舶参数如表4-1所示。

船舶主要参数   表4-1
Main parameters of ship   Table 4-1

参数	实船	船模
船长（m）	94.5	1.350
船宽（m）	15.1	0.216
型深（m）	9.0	0.129
吃水（m）	5.6	0.08
方形系数	0.7	0.7
棱形系数	0.69	0.69
重量（t/g）	3500	10,150
舵面积（m²/cm²）	14.3	2.9
舵高（m/cm）	4.1	5.9
展弦比	1.72	1.72
叶数	4	4
螺旋桨直径（m/cm）	3.1	4.4
螺距（m/cm）	2.6	3.7

船舶模型的制作过程中,对主机的马力、轴系的尺寸、螺旋桨的设计进行多次配合,找到较好的数据进行优化匹配,使船体、螺旋桨、主机达到预报实船的性能,船舶模型设计满足几何相似、动力相似、运动相似,船体的型线图如图4-2所示,船体制作过程如图4-3所示,船舶模型如图4-4所示。

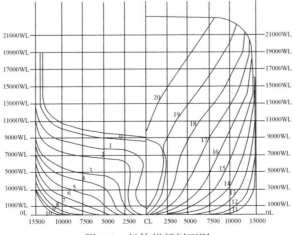

图4-2 船体艏部剖面图

Fig. 4-2 Hull profile of ship

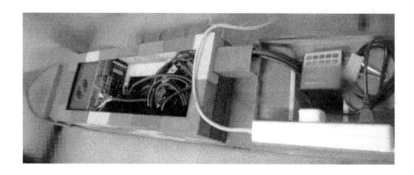

图 4-3 船舶动力装置安装图

Fig. 4-3 The installation drawing of marine power plant

图 4-4 船舶下水试航

Fig. 4-4 Ship launched for tria

　　船体模型制作的过程主要有10步：①图纸放样，根据船模尺寸的预制大小对设计图纸进行比例缩放，利用CAD软件绘制出各肋骨和舷侧纵桁放样图形；②号料，根据放样图纸，利用数字激光切割机在平直的木板上切割出肋骨、舷侧纵桁、龙骨等主要船体结构的轮廓线；③构件边缘加工，对数字激光切割得到的肋骨、舷侧纵桁、龙骨等结构的边缘进行进一步加工处理，用砂纸打磨构件边缘，去除毛刺，以便于后续安装；④构件组装搭建，将加工制作完成后的肋骨定位安装在龙骨相对应的位置上，并用胶水进行固定；⑤船体磨皮，船模主体框架搭建完成后，利用木条对其进行磨皮，对于缝隙较大的区域，则利用薄板和硅胶进行填充，并用砂纸打磨，使船模表面更为光顺；⑥电机及轴系预安装，船体主体制作完成后，需进行电机和轴系的预装，这样便于后期的防水密封处理；⑦密封处理及局部结构加强，利用玻璃布将船模包裹，并将预先准备好的玻璃钢用刷子均匀地涂抹在船体表面，对于有气孔的地方需及时处理，以免影响船模的强度和防水性，涂抹好的船模放在密闭室内自然烘干；⑧涂装，玻璃钢完全烘干以后，利用砂纸对船体表面进行打磨喷漆处理，以保证船体表面的光顺性，避免局部结构突出；⑨动力装置安装、调试,将预先制作好的伺服电机和控制系统进行组装,调试检验电机性能,如图 4-3 所示;⑩下水试航,制作完成后的船模放到水池中试航,检验船体的水密性,并通过加载调整船舶的浮态,船舶模型如图 4-4 所示。

4.1.3 船舶运动姿态采集器设计

物理模型试验中,需要测量船舶自由度,自主研发设计小工作距离的微位移船舶运动姿态采集分析装置。分析装置采用先进的卡尔曼滤波技术,融合姿态算法,建立自由度测量传感器的数学模型和误差模型,根据系统结构和测量原理,完成对信号的传输和采集,将预处理的信号通过串口通信传输到上位机,显示在上位设计的用户显示界面上,根据设计的光路系统、电路系统搭建试验平台,试验过程中对试验系统进行标定,最后根据系统的测量原理和试验数据解算出实际位移,高精度高稳定的输出姿态数据,测量仪器的操作界面如图 4-5 所示。

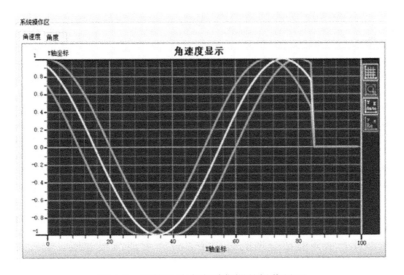

图 4-5　船舶运动姿态采集器的操作界面

Fig. 4-5　The operation interface of ship motion attitude collector

4.1.4 自由衰减试验

船舶在波浪运动中,会产生各种运动以及由这些运动所引起的砰击、飞溅、上浪、失速、螺旋桨飞车,船舶在风浪作用下能否维持正常工作,是船舶设计和使用者十分关心的问题[91]。

船舶在静水中满载状态,进行自由衰减试验,可以更好地评估船舶横摇运动的阻尼,没有外载荷的条件下,给予船舶一定的横摇振幅,然后平稳释放,通过船舶运动姿态采集分析装置,分析船舶的横摇运动轨迹,该方法可以定量评估船舶的横摇阻尼,更全面地研究船舶在垂直面上自由度的回复特性。船舶在外力的作用下偏离平衡位置,当外力消失后,船舶依靠自身的恢复特性,还原到平衡位置。在自由衰减的试验过程中,船舶模型在静水中偏离一定角度而释放,该船舶模型横摇运动周期取决于起始时刻的倾斜角度,由此可进一步验证模型制作的准确性。从试验结果中可以看出,船舶的横摇运动幅值衰减规律符合试验要求,可以通过自由衰减试验进一步调整船舶的水动力特性、自然横摇周期、横摇阻尼和惯性矩等,船舶的自由衰减试验曲线如图4-6所示。

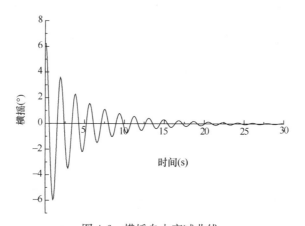

图 4-6 横摇自由衰减曲线

Fig. 4-6 Curve of free declining angle

4.2 船舶与滑坡涌浪相互作用过程研究

滑坡涌浪与船舶作用的过程主要分为三个阶段:①滑槽内的滑坡体快速冲入河道内,滑坡体与水体能量交换的过程中,逐步形成滑坡涌浪,如图4-7所示;

图 4-7 滑坡涌浪形成过程

Fig. 4-7 The formation process of landslide surge

②滑坡涌浪传播过程中，依次形成第一波峰、第二波峰，第三波峰，依次类推，如图4-8所示；③滑坡涌浪在河道内传播，传播至航行船舶位置，与船舶发生耦合作用，船舶产生较大的运动幅值，一部分涌浪在船舶附近发生爬高，一部分涌浪继续向河道对岸传播，传播至对岸并产生一定的回流，涌浪相互叠加，具体的相互作用过程如图4-9所示。

图 4-8 滑坡涌浪传播过程

Fig. 4-8 The propagation process of land slide surge

图 4-9 船舶与滑坡涌浪相互作用

Fig. 4-9 The interact between ship and land slide surge

4.3 滑坡涌浪首浪高度特性研究

滑坡体高速冲入河道内，将发生较大规模的滑坡涌浪灾害事故，由于滑坡涌浪发生具有瞬时性和不确定性，很难搜集到滑坡涌浪发生的实时数据。因此，本章依据几何相似，运动相似和动力相似等准则，设计三维滑坡涌浪模型试验，分析滑坡涌浪的传播过程。以滑坡体的体积、宽厚比为变量，研究滑坡涌浪的首浪高度变化规律；以河道内的不同位置（直线河道、弯曲河道、滑坡断面）为变量，研究滑坡沿程涌浪的传播特性及河道内的流场变化情况。

4.3.1 选取工况及涌浪形成过程

4.3.1.1 选取工况

结合原型观测资料及岩体滑坡模型设计考虑因素，试验采用单因子试验方案，主要以滑坡体的宽度、厚度及地形为变量，选取表2-1中的工况1～工况7。试验过程中研究区域的下滑阻力具有不确定性，每种工况需进行三组试验，第一组试验确定波高仪的位置，第二组与第三组试验测得滑坡涌浪各监测点的波高值，如果两组试验的误差值在10%以内，将两组数据的平均值作为试验的研究结果，如果两组试验的误差值超过10%，将进行第三组试验，直至满足试验的精度要求。

4.3.1.2 滑坡涌浪形成过程研究

滑坡体以一定速度下滑，将自身动能传递给静止水体，表层水体受到滑块冲击和挤压，形成水舌向前推进，滑坡体下滑过程中，滑坡体尾部形成空腔，尾部周围水体在重力作用下，快速进入空腔将其填满，导致水体间快速作用形成水花团，水花团之间相互碰撞导致能量损失，部分能量继续向前传递，从而形成涌浪，滑坡涌浪的形成及传播过程利用高速摄像机记录，具体过程如图4-10所示。

(a) 水舌及空腔

(b) 水花团碰撞

图 4-10 滑坡涌浪形成过程（一）

Fig. 4-10 The formation process of land slide surge（一）

(c) 滑坡涌浪向前传播

(d) 水面平静

图 4-10 滑坡涌浪形成过程（二）

Fig. 4-10 The formation process of land slide surge（二）

4.3.2 滑坡首浪高度研究

滑坡体在自身重力作用下，高速滑入河道内，与水体之间发生能量转换，自由液面发生变化，进而形成滑坡涌浪。滑坡体在下滑过程中，并不是所有的能量都传递给水体，第一部分能量传递给水体，引起自由液面的波动；第二部分为滑坡体入水过程中，滑坡体前端与后端压强不一致，产生压强差，滑坡体在下滑阶段，压强差将会消耗一定的能量；第三部分为滑坡体入水过程中，会受到水体黏性所产生的阻力，黏性阻力会使能量耗散；第四部分为滑坡体下滑过程中，与滑面发生摩擦，摩擦阻力也会造成能量的损失；第五部分为滑坡体高速滑入水中时，滑坡体发生纵向、横向和垂向的形变，也将造成能量的进一步衰减。滑坡体将能量传递给水体后，自由液面发生波动，第一个波峰值代表该滑坡体作用下最大的涌浪高度，可以通过滑坡涌浪首浪高度变化曲线，分析滑坡涌浪首浪高度变化特性。

4.3.2.1 各工况滑坡涌浪首浪高度研究

图 4-11～图 4-17 表示各工况下滑坡涌浪首浪高度的变化曲线，散状块体高速滑入河道内，引起首浪高度监测点的水位值变化，各工况都在不同时刻，出现较大峰值，且波峰较陡；随着时间历程的增加，滑坡涌浪继续向前传播，监测点

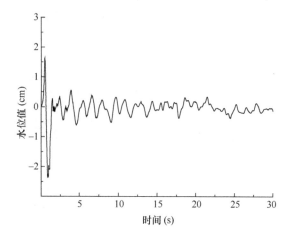

图 4-11 工况 1 作用下滑坡涌浪首浪高度变化曲线

Fig. 4-11 The variation height of head wave curve of land slide surge under condition 1

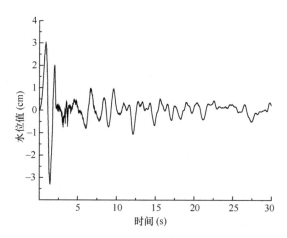

图 4-12 工况 2 作用下滑坡涌浪首浪高度变化曲线

Fig. 4-12 The variation height of head wave curve of land slide surge under condition 2

位置迅速出现较陡的波谷；且波峰与波谷不对称，滑坡涌浪在传递过程中，能量逐渐衰减。工况 1 的波峰值为 1.638cm，波谷值为 2.351cm；工况 2 的波峰值为 3.05cm，波谷值为 3.296cm；工况 3 的波峰值为 2.272cm，波谷值为 1.019cm；工况 4 的波峰值为 2.635cm，波谷值为 3.158cm；工况 5 的波峰值为 5.467cm，波谷值为 0.883cm；工况 6 的波峰值为 4.082cm，波谷值为 1.212cm；工况 7 的波峰值为 6.574cm，波谷值为 2.212cm。

第4章 滑坡涌浪水域船舶运动响应试验研究

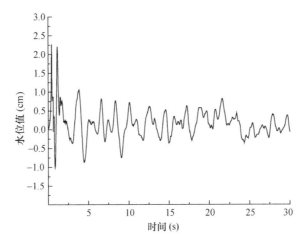

图4-13 工况3作用下滑坡涌浪首浪高度变化曲线
Fig. 4-13 The variation height of head wave curve of land slide surge under condition 3

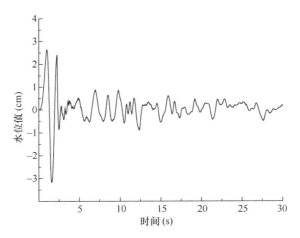

图4-14 工况4作用下滑坡涌浪首浪高度变化曲线
Fig. 4-14 The variation height of head wave curve of land slide surge under condition 4

工况2、工况3的滑坡涌浪首浪高度变化曲线中，首浪高度监测点出现较为明显的第二次波峰，工况2的第二次波峰值为2.022cm，工况3的第二次波峰值为2.197cm。产生第二次峰值的主要原因为散状块体滑坡的宽厚比较小，散状块体在重力作用下自由下滑，一部分块体先发生滑落，引起首浪高度监测点的第一个峰值，随着时间历程的增加，另一部分滑坡体也相继滑入水中，引起首浪高度监测点的第二个峰值。

45

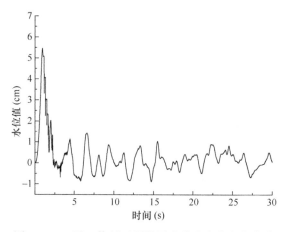

图 4-15 工况 5 作用下滑坡涌浪首浪高度变化曲线
Fig. 4-15 The variation height of head wave curve of land slide surge under condition 5

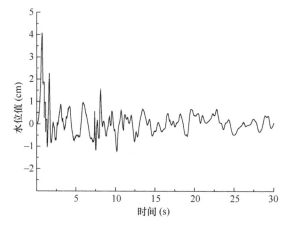

图 4-16 工况 6 作用下滑坡涌浪首浪高度变化曲线
Fig. 4-16 The variation height of head wave curve of land slide surge under condition 6

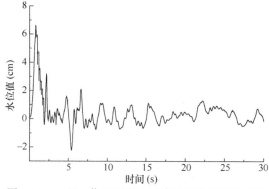

图 4-17 工况 7 作用下滑坡涌浪首浪高度变化曲线
Fig. 4-17 The variation height of head wave curve of landslide surge under condition 7

4.3.2.2 滑坡体厚度对涌浪首浪高度的影响研究

本节主要对比研究滑坡体以固定长度 1m，固定宽度 0.5m，不同厚度（0.2m，0.4m，0.6m）的体积下滑，滑坡涌浪首浪高度的变化情况，如图 4-18 所示。从图中可以看出，不同厚度的滑坡体高速滑入水中，产生滑坡涌浪首浪高度变化曲线不一致，滑坡体的下滑厚度越大，滑坡体的下滑动量越大，滑坡涌浪的最大首浪高度越大，工况 1、工况 2、工况 3 的最大首浪高度分别为 1.425cm、1.819cm、2.037cm，按照模型试验缩尺比，最大首浪高度的实际值分别为 0.998m、1.273m 和 1.426m。

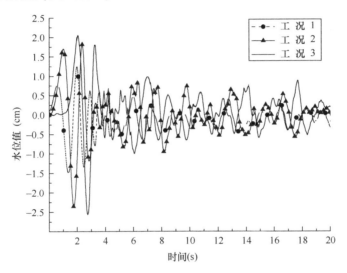

图 4-18 不同厚度滑坡涌浪首浪高度变化曲线

Fig. 4-18 The variation height of head wave curve of landslide surge with different thickness

从图中可以看出，工况 2 和工况 3 的首浪高度变化曲线较相近，主要原因是滑坡体的下滑体积较小，滑坡涌浪在形成和传播过程中能量损失较大。同时，本试验设计重点研究三维散体滑坡涌浪传播特性，首浪高度的第一个波峰出现的时刻，只有大部分滑坡体滑入水中，即在此时刻出现第一个波峰，如图 4-18 工况 1 所示。随着时间历程的增加，滑坡体逐渐快速滑入水中，首浪高度出现第二次较大峰值，随着滑坡体全部浸入河道内，滑坡涌浪能量逐渐衰减，水位值逐渐减小。

4.3.2.3 滑坡体宽度对涌浪首浪高度影响研究

本节主要对比研究滑坡体以固定长度 1m，固定厚度 0.4m，不同宽度（0.5m，1m，1.5m）的体积下滑，滑坡涌浪首浪高度的变化情况。相同的滑坡倾角、相同的试验水深、滑坡体高速滑入水中，滑坡体的宽度越大，滑坡体下滑的动量越大，滑坡体与水体之间能量转化越充分。水质点波动幅值越大，滑坡涌浪的最大首浪高度随着滑坡体宽度的增加而逐渐增大，具体变化曲线如图4-19所示，工况2、工况5、工况7的试验过程中，工况7首浪高度最大值为3.357cm，按照模型试验缩尺比，实际最大首浪高度值为2.35m。

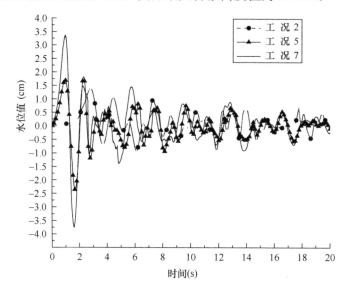

图 4-19 不同宽度滑坡涌浪首浪高度变化曲线

Fig. 4-19 The variation height of head wave curve of land slide surge with different width

从图4-19可看出，工况5在0.93s、2.276s时分别出现第一、二个波峰，峰值分别为1.702cm、1.819cm，按照模型试验缩尺比换算，第一个波峰、第二个波峰的峰值大小为1.19m和1.273m；工况7在0.93s的时刻只出现单个波峰，其峰值为3.339cm，按照模型试验缩尺比换算，峰值大小为2.337m，产生这种现象的原因主要如下：

（1）三维散状块体在滑架及滑槽上释放后，高速冲入浅水河道模型内，滑块在下滑及入水过程中散体发生较大形变，当滑坡体前端刚接触河道内水体时，形成射流，监测点处水位值发生变化，形成峰值。

（2）散状滑坡体高速滑入浅水河道内，相互作用时间较短，工况5中两个较大的峰值出现，第一个峰值发生在滑坡体整体下滑过程中，滑坡体的前缘与水体接触的时刻，第二个峰值发生在滑坡体完全浸入水体的时刻。

（3）模型试验过程中具有一定的偶然性，每组工况重复三次进行，三次试验结果的平均值作为该工况的最终结果。

（4）散状块体高速入水过程中，块体之间发生二次碰撞，导致工况5出现第二次较大的峰值。

4.3.2.4 滑坡体宽厚比对涌浪首浪高度影响研究

本节主要研究相同水深、相同滑坡倾角、相同滑坡体积、不同滑坡体宽厚比的滑坡体高速入水过程及涌浪首浪高度变化曲线，从图4-20中可以看出，滑坡体入水前，水面保持平静，监测点的水位值为零，滑坡体沿着滑槽下滑，并且与水体发生相互作用，引起静水面的水位波动，水质点彼此牵连，滑坡涌浪沿着河道上下游传播，引起河道部分区域的水位变化。滑坡体宽厚比对滑坡涌浪变化曲线表现出较强的非线性及不对称性，工况6的最大波峰值为4.082cm，最大波谷值为1.212cm；根据模型缩尺比换算，实际滑坡涌浪的最大波峰值为2.86m，实际滑坡涌浪最大波谷值为0.85m。工况3和工况6的滑坡涌浪受河道断面形状、传播距离、河道弯曲状态的影响，随着时间历程的增加，滑坡涌浪的首浪高度逐渐衰减，滑坡体宽厚比越大，滑坡体入水过程越充分，能量转换系数越大，滑坡涌浪的首浪高度越大，滑坡涌浪在传播过程中对水工结构物的威胁越大，滑坡涌浪在传播过程中，伴随着岸坡的爬高，能量的耗散，最终水面恢复平静。

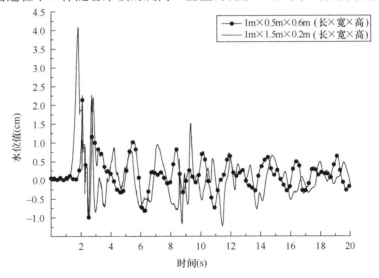

图4-20 不同宽厚比滑坡涌浪首浪高度变化曲线

Fig. 4-20 The variation height of head wave curve of land slide surge with different width-to-thickness ratio

4.3.2.5 滑坡初始涌浪的波高及周期

根据滑坡涌浪模型试验的量测结果，结合滑坡涌浪的特征值，对滑坡涌浪的主要要素进行分析，如波数、最大波高和最大周期、有效波高和有效周期。对不同工况滑坡体入水产生滑坡涌浪的波高和周期的进行统计分析，具体统计见表4-2。

初始涌浪波高和周期统计表　　　　　　　　　　　表 4-2
The statistical table of initial surge height and period　　Table 4-2

工况	波数	最大波高（cm）	有效波高（cm）	最大周期（s）	有效周期（s）
工况 1	35	2.351	0.985	1.732	1.455
工况 2	47	3.296	1.462	1.669	1.473
工况 3	31	2.272	1.142	2.276	1.141
工况 4	30	2.635	1.777	1.779	1.615
工况 5	22	5.467	2.267	3.372	2.650
工况 6	35	4.082	1.870	1.028	1.023
工况 7	25	6.574	2.774	1.807	1.735

涌浪的初始形态与滑坡体的高度、入水角度和入水速度有关。经过对试验中涌浪形态及其影响因素的数据统计，涌浪初始形态与无量纲参数 F_s 相关。

$$F_s = FS^{-0.5}\sin\alpha = \frac{v}{\sqrt{gh}}\left(\frac{s}{h}\right)^{-0.5}\sin\alpha = (v\sin\alpha)(gs)^{-0.5} = \frac{v\sin\alpha}{\sqrt{gs}} \quad (4\text{-}23)$$

式中，$F = \frac{V}{\sqrt{gh}}$；$S = \frac{s}{h}$；α 为滑坡入水角度；v 为滑坡体入水速度；g 为重力加速度；s 为滑坡体高度；h 为水深。

由式（4-23）可知，F_s 与 F 的形式相似，而 F 被称为滑坡体相对 Froude 数。

4.3.2.6　各工况水位值对比分析

本节主要对比分析各工况水位值的变化情况，重点分析滑坡体厚度（0.2m、0.4m、0.6m）、滑坡体宽度（0.5m、1m、1.5m）及监测点位置（监测点 2、监测点 4、监测点 6）等参数对最大水位值的影响，统计分析所有的试验结果并绘制相应柱状图，比较各工况最大水位值情况，如图 4-21 所示。滑坡涌浪初始浪

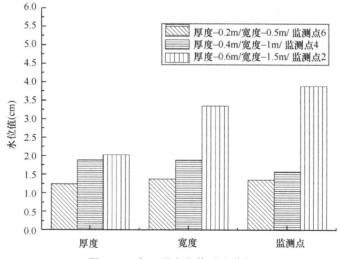

图 4-21　各工况水位值对比分析

Fig. 4-21　Comparative analysis of water level in every working condition

高的最大值随着滑坡体的宽度增加而逐渐增大，随着滑坡体的厚度增加而逐渐增大，而与入水点与监测点的直线距离成反比。

4.4 滑坡体下滑后流场速度研究

作用在船舶上的流载荷由力 F_{current} 和力矩 M_{current} 组成，同样具有分量 F_{xc}、F_{yc} 和 M_{xyc}，流作用力及力矩的一般表达式为[92]：

$$F_{xc} = \frac{1}{2} C_{xc} \rho_c V_{cR}^2 T L_{pp} \tag{4-24}$$

$$F_{yC} = \frac{1}{2} C_{yc} \rho_c V_{cR}^2 T L_{pp} \tag{4-25}$$

$$F_{xyC} = \frac{1}{2} C_{xyc} \rho_c V_{cR}^2 T L_{pp}^2 \tag{4-26}$$

式中，V_{cR} 为平均相对流速；T 为平均吃水；L_{pp} 为垂线间长；P_c 为海水密度；F_{xc}、F_{yc} 和 M_{xyc} 分别为纵向流力、横向流力和首摇流力矩；C_{xw}、C_{yw} 和 C_{xyw} 分别为纵向流力系数、横向流力系数和首摇流力矩系数。

4.4.1 流速测量方案

4.4.1.1 大范围表面流场测量

试验过程中，为了更清楚、准确地了解滑坡体高速入水后所引起的流速、流向变化，试验仪器选取水工物理模型大范围表面流场测量系统，该系统由观测系统、采集系统、计算系统及处理系统组成。试验过程中，流场测量总共有4个区域，主要测量由岩体滑坡所产生的涌浪对河道模型表层流场的影响。系统采集时间隔20s为一组，按照模型缩尺比进行换算，时间比尺为 $\sqrt{70}$。本组试验工况共进行3组，每组测量同一种方量，各个区域的编号为"R1"，"R2"，"R3"，"R4"。其中"R1"区域四个顶点的实际坐标（X, Y）分别为（50337.343, 59974.901）、（50897.343, 59974, 901）、（50897.343, 59729.901）、（50337.343, 59729.901）；"R2"区域四个顶点的实际坐标（X, Y）分别为（50831.62, 59974.901）、（51391.62, 59974.901）、（51391.62, 59729, 901）、（50831.62, 59729.901）；"R3"区域四个顶点的实际坐标（X, Y）分别为（50897.343, 59957.541）、（50337.343, 59957.541）、（50337.343, 60202.541）、（50897.343, 60202.541）；"R4"区域四个顶点的实际坐标（X, Y）分别为（51391.62, 59957.541）、（50831.62, 59957.541）、（50831.62, 60202.541）、（51391.62, 60202.541）。滑坡涌浪水域流场区域测量布置图如图4-22所示。

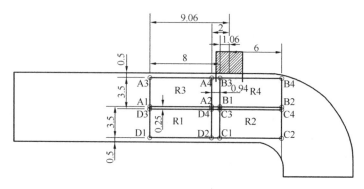

图 4-22 滑坡涌浪水域流场测量区域

Fig. 4-22 The flow field measurement area of land slide surge

4.4.1.2 小范围表面流场测量

试验过程中,小范围表面流场测量采用截面法,测量仪器采用流速仪。测量区域共划分为 3 个截面,第一编组测量包括 1 号、2 号、3 号,第二编组测量包括 4 号、5 号、6 号,第三编组测量包括 7 号、8 号、9 号。第二编组位于河道纵向中心线处,第一编组及第三编组分别位于河道纵向中心线两侧,间距为 1m,具体布置情况如图 4-23 所示。

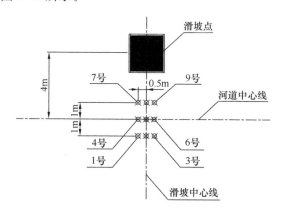

图 4-23 小范围表面流场测量示意图

Fig. 4-23 The schematic diagram of surface flow field measurement on small area

小范围表面流场的测量采用旋桨式流速仪,可以进行高、中、低流速测量,其采用优异工程塑料制作旋桨,具有较高的抗冲击性能,工作过程中形状稳定,在试验过程中检测检验,工作状态下的 K 值稳定,旋桨流速仪的尾部安装有尾部平衡锤,不增加水阻,并且无偏转力矩。旋桨流速仪主要有旋转部件、发讯部件、身架部件和尾翼部件构成,具体结构形式及工作状态如图 4-24 所示。

图 4-24　旋桨流速仪

Fig. 4-24　Propeller current meter

小范围流场测量过程中，流场变化信息通过发讯部件传输到多功能动态信号采集系统中，试验阶段布置 9 个流速测点，主要测量由岩体滑坡所产生的涌浪对河道水面的表层流速的影响。每组系统采集时间为 60s，采集频率为 0.02s/次，试验共分为 3 组，每组测量纵向断面的 3 个点，每组 3 个点的编号从左到右分别为"通道 2""通道 3""通道 4"。"通道 2"仪器的旋桨 K 值为 0.018，C 值为 0.0166；"通道 3"仪器的旋桨 K 值为 0.0188，C 值为 0.0057；"通道 4"仪器的旋桨 K 值为 0.0198，C 值为 0.0019，多功能动态信号采集系统如图 4-25 所示。

图 4-25　多功能动态信号采集系统

Fig. 4-25　Multifunctional dynamic signal acquisition system

4.4.2 大范围表面流场分析

大范围表面流场测量系统,可以实时获取流场表面的流态分布,测量过程中与旋桨流速仪进行对比验证,具有较精确的结果,同时,采用大范围的表面流场分析系统,可以获得较多测量点乃至全流场的速度变化,集测控、采集、处理、显示于一体。

图 4-26 为静止状态下测量区域的表面流场图,在滑坡体未滑入河道时,水面处于静止状态,测量区域内水质点处于静止平衡,没有流速及流向的变化,从图 4-26 可以看出,试验过程中的静水状态,受到外界环境干扰因素较少,可以达到较好的试验效果,满足基本的试验要求,能反应滑坡涌浪产生流场变化的实时状态。

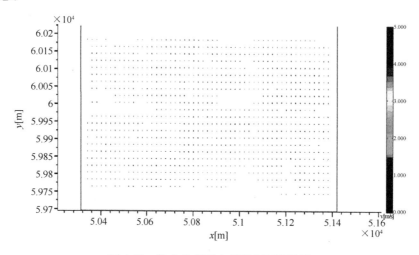

图 4-26 静水状态下大范围水面流场图

Fig. 4-26 The diagram of large area water surface flow field under static water condition

从图 4-27 可以看出,滑坡体以 40°倾角下滑,河道水深为 0.74m,滑坡体的长度为 1m,宽度为 1m,高度为 0.2m,滑坡体高速滑入河道内,产生滑坡涌浪。图中 1 号、2 号、3 号区域分别为直线河道区域、滑坡涌浪断面区域、弯曲河道区域。滑坡涌浪在传播的过程中,引起该水域的流场变化,滑坡涌浪向四周扩散传播,其产生的流场特点也呈扇形,滑坡入水点的最大流速为 1.2m/s,随着传播距离的增加,流速逐渐减小,当滑坡涌浪传播到 1 号区域内,流速大小为 0.6m/s,受到地形和河岸的影响,流速的方向不是呈点状向外扩散,而是沿着河道纵向线流动。从图 4-27 中的 1 号区域、3 号区域对比可以看出,受到弯曲河岸的影响,滑坡体高速入水后,3 号区域产生较小的流速及流场变化,当滑坡涌浪传播到滑坡点对岸后,会引起流向的变化,部分质点流向沿着边坡流动。

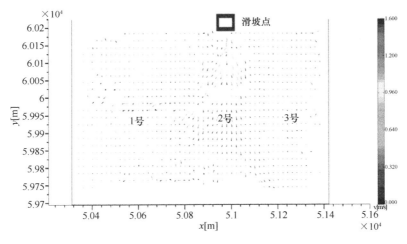

图 4-27　工况 1 作用下大范围水面流场图

Fig. 4-27　The diagram of large area water surface flow field under condition 1

4.5　滑坡涌浪水域船舶运动响应研究

4.5.1　典型工况下船舶各自由度响应特性研究

本节依据三峡库区重庆万州段沱口码头区域的实地调研结果,结合该航行区域内的船舶类型特点,设计滑坡涌浪水域船舶运动响应的相关试验。河道模型的宽度为 8m,船舶的航迹线距离河道中心线 0.5m,主要研究不同速度、不同位置对船舶主要自由度运动特性的影响。1 号位置与 3 号位置距离滑坡入水点 8.94m,2 号位置距离滑坡入水点距离 3.3m,1 号航行位置位于河道直道区域,2 号航行位置位于河道断面位置,3 号航行位置位于航道弯曲段,航迹线位置及航行位置如图 4-28 所示。

从船舶与滑坡涌浪的相互作用过程可以看出,船舶经过滑坡涌浪水域,船舶的各自由度会发生较大变化,滑坡涌浪的发生具有一定偶然性及突发性,因此,船舶在滑坡涌浪上的运动不同于船舶在普通波浪上的运动。本节主要研究船舶以 0.4m/s 航行速度直线航行通过滑坡断面时,船舶各自由度的变化特性,根据《内河船舶法定检验技术规则》,分析船舶的通航安全性。

船舶的横摇是低阻尼运动,在船舶运动的六个自由度中,船舶的横摇周期非常接近波浪谱能量密度较大的区域,在实际海况中,如果波浪周期接近或者等于船舶横摇周期,船舶将发生较大振幅的运动。从图 4-29 可以看出,船舶以固定

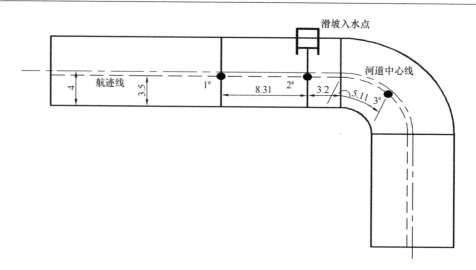

图 4-28 船舶航行轨迹示意图

Fig. 4-28 The schematic diagram of track

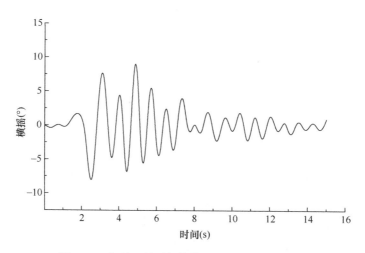

图 4-29 典型工况下船舶横摇运动时间历程曲线

Fig. 4-29 The time history curve of ship rolling under typical working conditions

航速、沿着固定轨迹航行至滑坡断面位置，滑坡体高速滑入河道内，滑坡体与河道内水体相互作用，滑坡涌浪扩散传播，会使船舶发生较大振幅的横摇运动。0~1.2s 时间段内，船舶在静水中航行，船舶的横摇运动幅值较小，属于微振幅运动；当航行过程中突遇滑坡涌浪，船舶的横摇角度逐渐增大，在 4.8s 时刻达到最大值 11.32°。当滑坡涌浪瞬时周期与船舶的横摇周期接近时，船舶也会发生较大振幅的运动，由于受到船舶自身回复力矩的影响，船舶的横摇角度逐渐减小，在船舶与滑坡涌浪相互作用过程中，船舶的最大横摇角度小于 15°，满足

《内河船舶法定检验技术规则》的相关要求。当滑坡涌浪传递到滑坡点对岸,发生反射,不同方向的涌浪相互叠加,对船舶的横摇运动产生进一步影响。

滑坡涌浪水域船舶纵摇运动规律与船舶横摇运动规律相似,从典型工况船舶纵摇运动时间历程曲线可以看出,船舶的纵摇运动幅值随着滑坡涌浪周期的增大而减小,当滑坡涌浪的瞬时周期与船舶纵摇运动周期接近时,船舶发生较大振幅的运动。纵摇运动响应幅值在 4.4s 时最大,最大振幅为 1.24°,如图 4-30 所示。

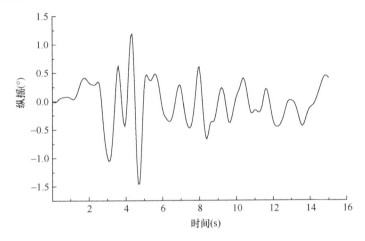

图 4-30　典型工况下船舶纵摇运动时间历程曲线

Fig. 4-30　The time history curve of ship pitching under typical working conditions

为了对船舶艏摇运动有更深入的了解,绘制典型工况下船舶艏摇运动时间历程曲线,如图 4-31 所示。船舶航行至滑坡断面位置时,船舶保持直线航行,不对其进行操控,当船舶遭遇滑坡涌浪后,船舶艏部运动方向迅速发生变化,船舶

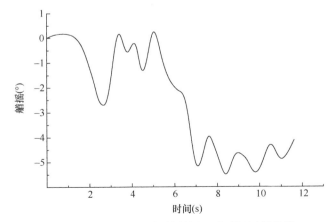

图 4-31　典型工况下船舶艏摇运动时间历程曲线

Fig. 4-31　The time history curve of ship yaw under typical working conditions

57

的航行方向立刻发生变化，0～1.2s 的时间段内，船舶发生顺时针转动，随着时间历程的增加，滑坡涌浪相互叠加，作用在船舶舷侧位置，船舶发生逆时针转动。在船舶自身惯性矩及滑坡涌浪影响下，船舶艏摇角度持续增加，最大艏摇角度为 5.29°，可通过调整舵角，降低船舶航行过程中遇到的风险。

从图 4-32 中可以看出，船舶在无操控的情况下，进入滑坡涌浪水域，滑坡涌浪传播过程中会对船舶的运动方向产生直接影响，船舶的横向运动位移增加，最大值为 45cm，根据模型缩尺比换算，实际偏移距离为 31.5m。因此，滑坡涌浪易发生区域，应保持足够的横向距离，以防止发生船-船、船-岸碰撞事故的发生。

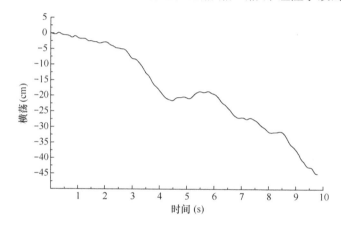

图 4-32　典型工况下船舶横荡运动时间历程曲线

Fig. 4-32　The time history curve of ship swaying under typical working conditions

4.5.2　航行位置对船舶运动响应影响研究

三峡库区船舶的通航安全主要以船舶的横摇运动幅值大小为参考的标准，船舶横摇的幅值由船舶所受载荷、附加质量、横摇阻尼、回复力矩等要素共同决定。在本节试验研究过程中，保证船舶的航行速度不变，大小为 0.3m/s，在河道内沿着预定航线航行，船舶航行至 1 号位置、2 号位置和 3 号位置，滑坡体下滑体积为 1m×1.5m×0.2m，分别研究船舶的横摇、横摇角速度随时间变化的历程曲线。

从图 4-33 中可以看出，船舶航行至 1 号位置、2 号位置和 3 号位置时发生山体滑坡。船舶的横摇运动变化情况不一致，横摇幅值都在合理的变化范围，船舶经过 1 号位置时，恰好遭遇滑坡体下滑，与水体进行能量交换，产生滑坡涌浪，船舶的航行方向与波浪船舶方向相反。滑坡涌浪在传播过程中，波长及周期不断发生变化，当涌浪波长等于船长，周期与船舶固有周期相接近时，船舶的横摇幅值达到最大值 5.4°。船舶经过 3 号航行位置遭遇滑坡涌浪，船舶的航行方向与滑坡涌浪传播方向一致，由于 3 号航行位置的特殊性，导致滑坡涌浪一直追逐船舶，当滑坡涌浪传播至船舶处，作用在船舶尾部，引起较小的船舶横摇运动幅值。当船舶经过 1、2、3 号航行位置时，船舶遭遇小规模的滑坡涌浪，船舶依靠自身的回复力达到相对稳定的平衡状态。

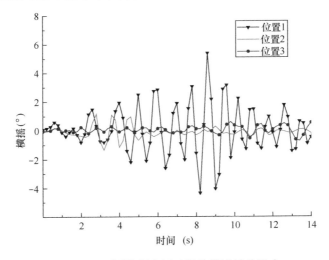

图 4-33 不同航行位置对船舶横摇运动影响

Fig. 4-33 The influence of different navigation position on ship rolling

船舶在航行过程中，横摇角速度的大小直接影响旅客的舒适度及货物的安全性，考虑特定工况下船舶横摇角速度变化具有重要的理论意义。从图 4-34 可以

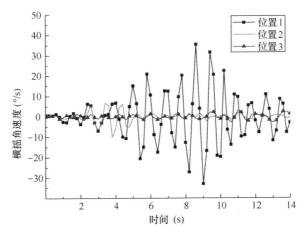

图 4-34 不同航行位置对船舶横摇角速度影响

Fig. 4-34 The influence of different navigation position on angular velocity of ship roll

看出，各工况船舶的横摇角速度变化趋势与横摇角度变化趋势相同，船舶以固定航速经过航行位置时，船舶在 1 号监测位置的横摇角速度最大，2 号监测位置的横摇角速度次之，3 号监测位置的横摇角速度最小，最大的横摇角速度值为 35.37°/s。从图 4-33、图 4-34 中也可以看出，船舶航行过程中，突遇滑坡涌浪，滑坡点的位置至关重要，当滑坡点位于船舶航行前方时，船舶应当放慢航行速度，增大船舶与滑坡入水点之间的距离，使滑坡涌浪在长距离传播过程中，能量逐渐衰减；当滑坡点位于船舶后方时，船舶应该加速航行，增大滑坡入水点与船舶之间的距离，即增大滑坡涌浪的传播距离，最大程度减少滑坡涌浪对船舶的作用，提高船舶的航行安全性、提高货物装载的稳定性。

4.5.3　航行速度为船舶运动响应影响研究

滑坡体体积为 1m×1.5m×0.2m，船舶以不同航行速度（0.3m/s、0.5m/s、0.7m/s）通过 2 号监测位置时，研究船舶的横摇及横摇角速度的变化规律。

从图 4-35 中可以看出，船舶以不同航速经过河道内 2 号监测点，船舶的横摇运动幅值变化规律相近。滑坡涌浪与船舶相互作用过程中，船舶的横摇运动幅值先增大，随着滑坡涌浪能量的衰减，依靠自身的回复力矩，船舶的横摇运动幅值随之减小。由于船舶受到非线性升力的影响，船舶受到的阻力也有一定的区别，滑坡涌浪与船舶作用的位置不同，各工况中船舶的横摇运动幅值有明显区别，航速为 0.3m/s 时，横摇运动幅值最大，最大值为 15.39°，航速为 0.5m/s 时，船舶的横摇运动幅值次之，航速为 0.7m/s 时，船舶的横摇最大横摇幅值最小。

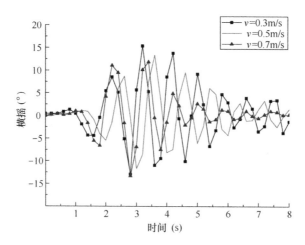

图 4-35　不同航行速度对船舶横摇运动影响

Fig. 4-35　The influence of different speed on ship rolling

通过试验过程的观察及试验结果的分析,船舶在易发滑坡涌浪水域航行时,可以通过优化舭龙骨尺寸、增加船舶的横摇阻尼,增强船舶的航向稳定性、增加干舷的高度,减小滑坡涌浪对船舶侧面的砰击,降低船舶发生危险事故的概率。

从图 4-36 可以看出,船舶沿着预制航线航行,以不同航速经过河道内 2 号监测点,船舶的横摇加速度与船舶横摇变化表现出相似的变化规律,三种工况作用下,船舶航行速度为 0.3m/s 时,船舶的横摇角速度变化最大,最大值为 86.72°/s。滑坡涌浪与船舶作用过程中,船舶在 0.8s 的时刻发生变化,由于滑坡涌浪具有较强的瞬时性作用,在 3s 的时刻达到最大值。

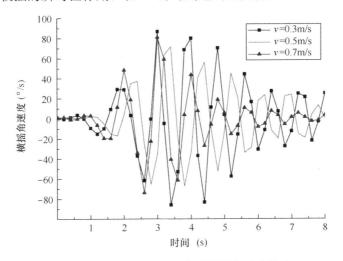

图 4-36 不同航行速度对船舶横摇角速度影响

Fig. 4-36 The influence of different speed on angular velocity of ship roll

4.5.4 滑坡方量对船舶运动响应影响研究

船舶以固定航速 0.3m/s,沿着河道预制航线航行,当船舶航行至河道内 2 号监测位置时,滑槽上的滑坡体高速滑入河道内,滑坡体的体积同为 0.3m³,但是两种滑坡体的宽厚比不同,第一种的长×宽×高为 1 m×1.5 m×0.2 m,第二种的长×宽×高为 1 m×0.5 m×0.6 m,对比分析两种工况中船舶的横摇及横摇角速度变化情况。

从图 4-37 可以看出,船舶在航道内航行,突遇滑坡体高速滑入河道内,两种工况下,船舶的横摇先增大,后减小,这与滑坡涌浪的传播特性有较大关系。同时,从图中可以看出,滑坡体的宽厚比越大,船舶产生的横摇幅值越大,结合本书前述研究内容,滑坡体的宽厚比越大,滑坡涌浪的首浪高度越大,水位值变化越大,对河道内的船舶影响效果越明显。两种工况对比分析,滑坡下滑体的长×宽×高为 1m×1.5m×0.2m 时,船舶的横摇最大振幅为 15.39°,已经达到内

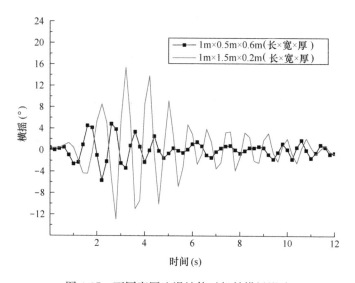

图 4-37 不同宽厚比滑坡体对船舶横摇影响

Fig. 4-37 The influence of different width-height on ship rolling

河船舶航行规范的上限。

结合滑坡涌浪的传播特性及船舶的横摇运动特性分析可知,应该提前治理潜在的山体滑坡水域,尽量降低滑坡体的宽厚比,减小滑坡体的下滑宽度,如滑坡体的分台阶减载、开设纵向支撑盲沟、安装抗滑桩等。

从图 4-38 可以看出,船舶以固定航行速度 0.3m/s 通过河道内 2 号监测点位

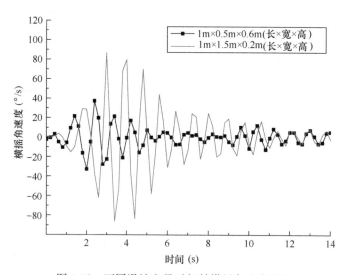

图 4-38 不同滑坡方量对船舶横摇角速度影响

Fig. 4-38 The influence of different landslide volume on angular velocity of ship roll

置时，不同宽厚比的滑坡体滑入河道内，船舶的横摇运动角速度呈现出先增大、后减小的变化趋势。滑坡体宽厚比越大，产生滑坡涌浪首浪高度越大，滑坡涌浪对船舶的影响越大，最大运动幅值达到 86.72°/s。从图中可以看出，船舶在滑坡涌浪水域航行，船舶的横摇与横摇角速度表现出相同的变化趋势，船舶的横摇角速度先增大，后减小，最终依靠自身的回复力矩作用，趋于平稳状态。

4.5.5 船舶状态对船舶运动响应影响研究

滑坡体下滑入水后，产生较大高度的初始涌浪，滑坡涌浪向前传播，能量逐渐耗散，涌浪传播过程受河道地形、河道断面形状、水深、传播距离、河道弯曲状态等要素的直接影响，本节针对三峡库区重庆段万州区沱口码头的河道模型，结合典型工况（工况3、工况7）的物理模型试验数据，研究滑坡涌浪在直线河道、弯曲河道及滑坡断面处的传播规律，为探究滑坡沿程涌浪对河道内水工结构物的安全性影响奠定理论基础。

4.5.5.1 直线河道沿程涌浪传播规律研究

从图 4-39～图 4-42 可以看出，沿程滑坡涌浪在直线河道内传播表现出较强的不规则性，不同滑坡方量、相同监测点的水位值则表现出不同的滑坡沿程涌浪传播特性。

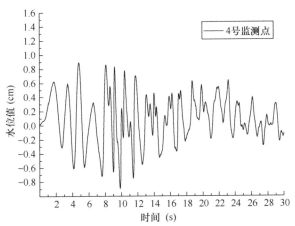

图 4-39 工况 3 作用下 4 号监测点水位值变化曲线

Fig. 4-39 The variation curve of water level at no.4 monitoring point under condition 3

从图 4-39、图 4-41 可以看出，滑坡方量越大，4 号点的水位值变化越剧烈，水质点波动幅值越大。工况 3、工况 7 的试验过程中，4 号监测点水位值最大值分别为 0.892cm 和 1.575cm，根据模型缩尺比计算，实际最大值水位分别为 0.624m 和 1.102m。

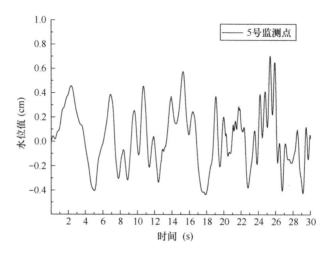

图 4-40 工况 3 作用下 5 号监测点水位值变化曲线
Fig. 4-40 The variation curve of water level at no. 5 monitoring point under condition 3

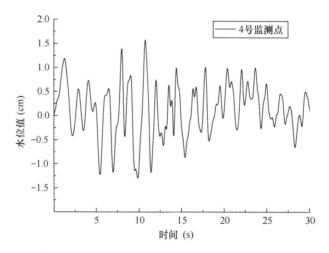

图 4-41 工况 7 作用下 4 号监测点水位值变化曲线
Fig. 4-41 The variation curve of water level at no. 4 monitoring point under condition 7

从图 4-39、图 4-40 可以看出，沿程涌浪在传播过程中，能量逐渐减小，水位值逐渐减小。同一工况，4 号监测点的最大水位值和平均水位值分别为 0.892cm 和 0.07cm，5 号监测点的最大水位值和平均水位值分别为 0.705cm 和 0.03cm。对比发现，4 号监测的水质点运动较为剧烈，运动周期较短，波动次数多。

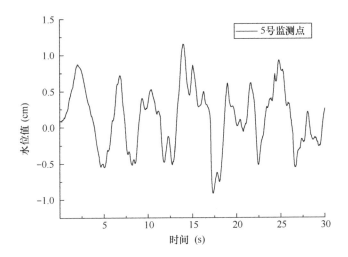

图 4-42 工况 7 作用下 5 号监测点水位值变化曲线
Fig. 4-42 The variation curve of water level at no. 5 monitoring point under condition 7

图 4-40 表示工况 3 作用下 5 号监测点水位值变化情况，23~25s 时间段，5号监测点的水位值再次出现峰值，且波动频率再次增加。主要原因是 5 号监测点距离岸边距离较近，且岸坡为梯形岸坡，受岸坡及地形影响较大，当滑坡涌浪传递到对岸后，发生反射，滑坡涌浪相互叠加，使 5 号监测点的水位值迅速增加，最大水位值为 0.7cm，实际最大水位值为 0.49m。

4.5.5.2 弯曲河道沿程涌浪传播规律研究

从图 4-43~图 4-46 可以看出，滑坡沿程涌浪在弯曲河道的传播规律，随着

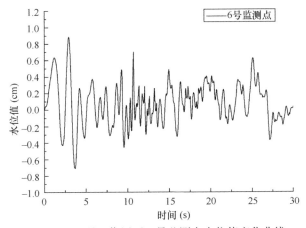

图 4-43 工况 3 作用下 6 号监测点水位值变化曲线
Fig. 4-43 The variation curve of water level at no. 6 monitoring point under condition 3

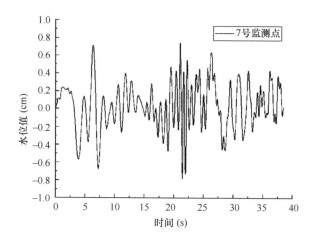

图 4-44 工况 3 作用下 7 号监测点水位值变化曲线
Fig. 4-44 The variation curve of water level at no. 7 monitoring

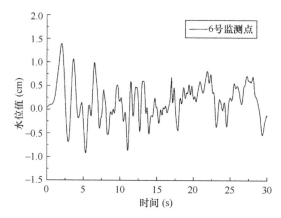

图 4-45 工况 7 作用下 6 号监测点水位值变化曲线
Fig. 4-45 The variation curve of water level at no. 6 monitoring point under condition 7

滑坡距离的增加而逐渐减小，5 号监测点靠近岸坡，出现明显的波浪叠加现象，弯曲河道沿程涌浪表现出明显的不规则性和不对称性，各工况下的水位值变化曲线先出现峰值，在极短的时间内水位值迅速变化，出现波谷。

从图 4-43、图 4-45 可以看出，滑坡体以不同滑坡方量滑入水中，会引起较大的水位值变化，滑坡体下滑方量的越大，河道内监测点的水位值变化越剧烈。工况 3、工况 7 中 6 号监测点的最大水位值分别为 0.89cm、1.39cm，根据模型试验缩尺比换算，实际最大涌浪高度分别为 0.62m 和 0.97m。同时，两种工况中，最大水位值的都位于第一波峰和第二波峰的位置。

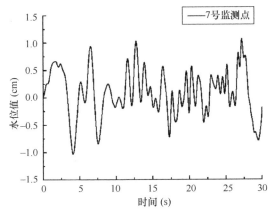

图 4-46　工况 7 作用下 7 号监测点水位值变化曲线
Fig. 4-46　The variation curve of water level at no. 7 monitoring point under condition 7

从图 4-45、图 4-46 可以看出，弯曲河道沿程涌浪传播过程中，能量逐渐衰减，水位值逐渐降低，相同滑坡方量，不同监测点的水位最大值有一定的区别。工况 7 的 6 号监测点、7 号监测点的水位最大值分别为 1.39cm 和 1.07cm。

图 4-46 表示工况 7 中 7 号监测点水位值变化曲线，由于滑坡体高速入水，滑坡体与水体能量进行充分交换，水质点剧烈运动，引起监测位置处的水位值发生变化，2.4s 时出现第一个波峰。7 号监测点处于河道弯曲段，滑坡涌浪以入水点为圆心，扩散传播，传播路径受到河道弯曲段的影响，滑坡涌浪进行波浪叠加，27s 时出现第二个峰值。

4.5.5.3　滑坡断面沿程涌浪传播规律研究

图 4-47～图 4-50 表示工况 3、工况 7 中，2 号监测点、3 号监测点的水位值

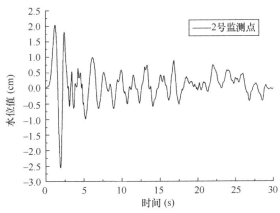

图 4-47　工况 3 作用下 2 号监测点水位值变化曲线
Fig. 4-47　The variation curve of water level at no. 2 monitoring point under condition 3

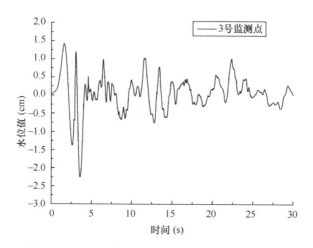

图 4-48 工况 3 作用下 3 号监测点水位值变化曲线

Fig. 4-48 The variation curve of water level at no. 3 monitoring point under condition 3

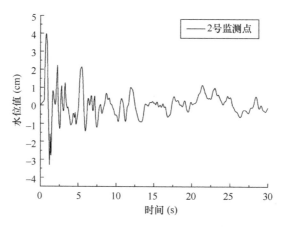

图 4-49 工况 7 作用下 2 号监测点水位值变化曲线

Fig. 4-49 The variation curve of water level at no. 2 monitoring point under condition 7

变化情况。从图中可以看出，滑坡断面沿程涌浪的水位值变化也表现出明显的不规则性，各监测点的水位值变化都先出现峰值，再出现波谷，且波峰、波谷均较陡。

从图 4-47、图 4-49 中可以看出，相同监测点、不同方量的滑坡体高速入水，滑坡方量越大，2 号监测点的水位值变化越剧烈。工况 3、工况 7 中，2 号监测点的最大水位值分别为 2.04cm、3.98cm，根据模型试验缩尺比换算，实际最大涌浪高度为 1.43m、2.79m。

第4章 滑坡涌浪水域船舶运动响应试验研究

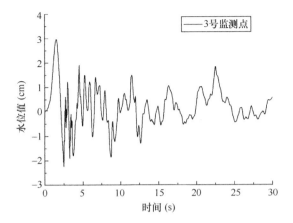

图 4-50　工况 7 作用下 3 号监测点水位值变化曲线
Fig. 4-50　The variation curve of water level at no. 3 monitoring point under condition 7

从图 4-49、图 4-50 中可以看出，滑坡涌浪在滑坡断面传播过程中，能量逐渐衰减。工况 7 中 2 号监测点、3 号监测点的最大水位值分别为 3.98cm 和 2.97cm。

4.5.5.4　直线河道位置船舶横摇及纵摇变化规律研究

船舶静止或以 0.6m/s 速度航行经过河道远端的直线水域（1 号监测位置），船舶航行方向与涌浪传播方向相反，由于船舶附加质量、附加阻尼、斜浪、回流、飞溅、破碎波等因素的影响，航行船舶横摇运动幅值比静止船舶横摇运动幅值大，船舶安全系数较低。从图 4-51 中可以看出，航行船舶的横摇运动幅值在

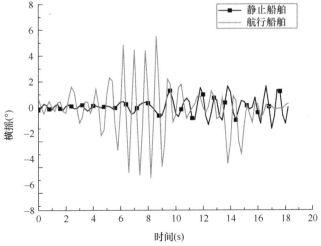

图 4-51　不同状态下 1 号监测位置船舶横摇变化
Fig. 4-51　The variation of ship rolling at no. 1 monitoring point under different condition

5～10s，13～16s 各出现一次波峰。试验过程中观测到，滑坡涌浪冲击船体，无明显甲板上浪，伴有液体飞溅现象。滑坡涌浪与船舶作用过程中，船体局部受到极端压力的作用，横摇运动幅值出现波峰后，船舶依靠自身的回复力逐渐处于平稳状态，滑坡涌浪与船体作用后，由于水体黏性对船舶的阻碍作用，涌浪继续传播，能量逐渐耗散，实际船舶航行过程中，如遇滑坡涌浪，不仅要关注滑坡体入水后，滑坡涌浪的第一个峰值对船舶运动特性的影响，更要关注第二个峰值对船舶横摇幅值的影响；静水中船舶，突遇滑坡涌浪后，横摇运动幅值也发生变化，且波动范围主要集中在 9～18s，横摇变化连续性较强，横摇变化幅值较小。

从图 4-52 中可以看出，船舶以 0.6m/s 航行速度经过河道直线远端水域，突遇滑坡涌浪，其对船舶形成一定的波动压力，船舶的纵摇运动幅值发生变化，航行船舶的纵摇运动峰值发生在 1～8s 时间段，能量主要集中在此时间段内，最大纵摇运动幅值 1.7°，该时间段的危险程度高。从图中可以看出，船舶静止在河道远端直线水域，船舶的纵摇运动峰值集中发生在 3～18s 时间段，滑坡涌浪对船舶纵摇运动影响较小，最大纵摇运动幅值 0.77°。从图中运动时历曲线对比可知，滑坡涌浪较先传播到航行船舶位置，这主要是因为船舶航行方向与滑坡涌浪传播方向相反，二者具有相向运动速度，导致滑坡涌浪对航行船舶及静止船舶纵摇运动影响起始时刻不同。从图中可以看出，船舶的运动幅值先增大后减小，最终趋于稳定的状态，主要是因为静止船舶和航行船舶在滑坡涌浪水域中，滑坡涌浪高度随着传播距离的增加而减小。

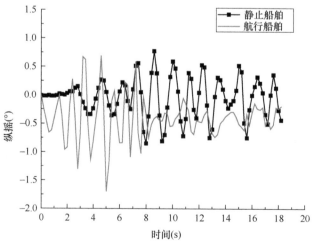

图 4-52　不同状态下 1 号监测位置船舶纵摇变化

Fig. 4-52　The variation of ship pitching at no.1 monitoring point under different condition

4.5.5.5 河道弯曲段船舶横摇及纵摇变化规律研究

滑坡涌浪在河道内传播受到航道的蜿蜒曲折特性影响，大方量滑坡体高速入水产生滑坡涌浪的传播速度受限，小于本次模型试验的船舶航行速度 0.6m/s，滑坡涌浪与航行船舶呈追逐状态，试验过程中对船舶的运动响应幅值基本没有影响。因此，弯曲河道水域重点研究滑坡涌浪对静止船舶运动特性的影响。

静止船舶在弯曲河道（3 号监测位置）突遇滑坡涌浪，由于滑坡涌浪在弯曲河道的传播受到地形、岸壁、浅水等因素的直接影响，滑坡涌浪在传播过程中会出现明显湍流区，伴随强烈不规则性，脉冲压力作用在静止船舶上，产生较大振幅运动，即横摇运动幅值和纵摇运动幅值。从图 4-53、图 4-54 中可以看出，船舶的最大横摇角为 5.37°，最大纵摇角度为 0.89°，最大横摇角和最大纵摇角发生在滑坡体入水后，产生滑坡涌浪的首浪与船舶的第一次相互作用。滑坡涌浪沿着船舶爬升、船舶艏艉的边波、船舶底部向前流动三种途径汇流，继续向对岸传播，随着滑坡涌浪能量的逐渐减小，船舶横摇运动幅值和纵摇运动幅值也逐渐减小，船舶依靠自身的回复力和阻尼，逐渐趋于稳定状态。船舶与涌浪相互作用过程中，滑坡涌浪的溅高现象不明显，滑坡涌浪经过相同的传播距离，弯曲河道对船舶横摇运动幅值的影响更大，船舶的航行危险程度更高。

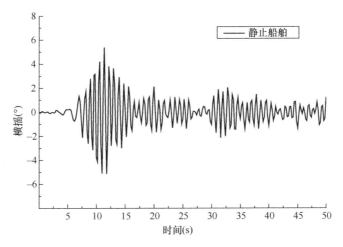

图 4-53 不同状态下 3 号监测位置船舶横摇变化

Fig. 4-53 The variation of ship rolling at no. 3 monitoring point under different condition

4.5.5.6 滑坡断面位置船舶横摇及纵摇变化规律研究

结合前述研究结果，本部分主要研究相同滑坡体滑入河道内，船舶以静止状态、航行状态（0.6m/s）经过直线河道、滑坡断面及弯曲河道的横摇、纵摇运

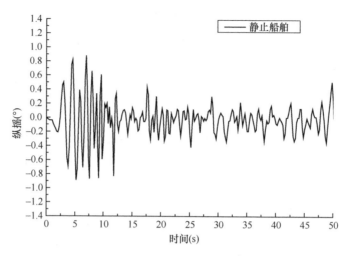

图 4-54 不同状态下 3 号监测位置船舶纵摇变化
Fig. 4-54 The variation of ship pitching at no. 3 monitoring point under different condition

动响应规律。

从图 4-55 中可以看出,滑坡涌浪对船舶的横摇运动影响主要分为两个阶段,第一个阶段为 1~5s,当滑坡体沿着滑槽底面下滑后,与河道内水体碰撞,并发生能量交换,滑坡涌浪扩散传播,与河道内的航行船舶发生相互作用,并伴随一定程度的甲板上浪,船舶在河道内直线航行,滑坡涌浪作用的船舶的中后部,船

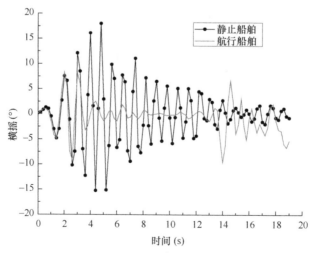

图 4-55 不同状态下 2 号监测位置船舶横摇变化
Fig. 4-55 The variation of ship rolling at no. 2 monitoring point under different condition

舶会产生一定程度的横向偏移，船舶的横摇变化曲线初始阶段斜率较大。第二个阶段发生在 11~18s，当滑坡涌浪在河道内传播时，经过一定传播距离后，滑坡涌浪到达滑坡点对岸，形成一定的回流，多方向的滑坡涌浪相互叠加，船舶产生较大的横摇值，第一阶段的最大横摇值为 8.34°，第二阶段的最大横摇值为 6.62°。当船舶以 0.6m/s 的航速航行时，突遇滑坡涌浪作用，驾驶员应当减小航行速度，防止滑坡涌浪对船舶的"二次伤害"。

当船舶在河道内相对静止发生山体滑坡，产生滑坡涌浪。从图 4-55 中可以看出，船舶的横摇幅值在监测时间范围内呈现出单峰状态，随着滑坡涌浪能量的减小，船舶依靠自身的回复力矩及回复阻尼，横摇运动幅值逐渐减小，最终趋于相对稳定的状态。通过试验中的数据监测，船舶的最大横摇角度为 18.02°，已经超过《内河船舶法定检验技术规则》的要求，船舶的通航安全受到较大影响。从防灾减灾的角度出发，一方面应该通过工程技术减少山体滑坡发生的概率，例如，水平钻孔疏干、垂直孔排水、竖井抽水等方式，另一方面，应该通过判断滑坡点位置与船舶之间的距离，合理控制航行速度，也可以采用紧急系泊系统，控制船舶横摇的运动响应幅值。

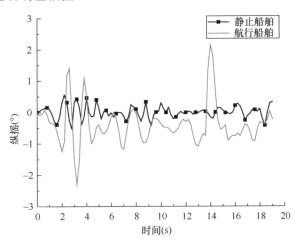

图 4-56　不同状态下 2 号监测位置船舶纵摇变化

Fig. 4-56　The variation of ship pitching at no. 2 monitoring point under different condition

从图 4-56 中可以看出，船舶以 0.6m/s 速度航行经过滑坡断面水域，突遇滑坡涌浪，船舶的纵摇运动幅值会发生明显变化，且出现两次较大的波动，第一次波动时间段为 0~5s，这是因为滑坡体入水后，产生脉冲涌浪与航行船舶直接发生相互作用，最大的纵摇角度为 2.3°。第二次波动时间段 13~15s，该峰值产生的主要原因是滑坡沿程涌浪传播、衰减，与船行波、反射波及绕射波叠加对船舶产生直接影响,最大纵摇角度为 2.14°。岩体滑坡涌浪对滑坡断面水域静止船舶的影响与滑坡涌浪的传播特性一致,且纵摇运动幅值较小,静水中最大纵摇角为 0.56°,船舶依靠自身回复力矩,逐渐回复到稳定平衡状态。

4.6 滑坡涌浪爬升效应研究

4.6.1 波陡的定义及特征

在波浪的研究中,波陡 S 定义为波高与波长的比值,即

$$S = \frac{H}{\lambda} \tag{4-27}$$

式中,H 为波高;λ 为波长。

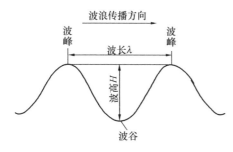

图 4-57 波陡定义示意图

Fig. 4-57 The schematic diagram of wave steepness definition

波陡定义示意图如图 4-57 所示。

实际的理论研究中,通常用海况波陡及平均波陡表示其特征,平均波陡的定义为一定海况条件下,单个波的波陡 S 的均值,实际应用过程中通常以各个单波的均值来代替,该均值可以通过定点观测资料进行统计分析。海况波陡则以有效波高 $H_{1/3}$ 作为波高尺度,以平均跨零周期 $\overline{T}_c$ 作为时间尺度[93]。

$$S_{vt} = 2\pi H_{1/3} / g \overline{T}_c^2 \tag{4-28}$$

4.6.2 波陡测量的试验方案

试验过程中为更好地完成滑坡涌浪的波陡测量,更全面地分析河道内各区域内的滑坡涌浪波陡变化特点,以各测点为变量,分析滑坡涌浪的波陡变化特点。试验的滑坡体方量为 1m×1m×0.4m(长×宽×高),河道的水深为 0.74m,滑坡体倾角为 40°,三组工况的测点布置图分别为图 4-58,图 4-59,图 4-60。

波陡测量第一组(工况 57)中的 1 号、2 号、3 号监测点位于滑坡断面处,充分考虑滑坡体高速滑入河道内,与测点仪器发生碰撞,影响测量结果的问题,将 1 号监测点放置于滑坡入水点 1.5m 处,2 号点布置在河道中轴线处,3 号点的布置,通过试验调整,布置于距离滑坡对岸 2m 的位置。1 号、4 号和 5 号位于同一斜截面;1 号、6 号和 7 号位于弯道处的斜截面上,布置的目的主要是测量直线河道和弯曲河道的滑坡涌浪波陡情况;3 号、4 号、6 号点位于相同半径的圆弧上,以便于对比分析相同滑坡体入水产生的滑坡涌浪对不同截面监测位置

第4章 滑坡涌浪水域船舶运动响应试验研究

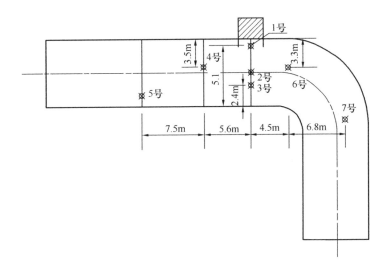

图 4-58 波陡测量第一组工况测点布置图

Fig. 4-58　The layout of measuring points in the first working condition of wave steepnes measurement

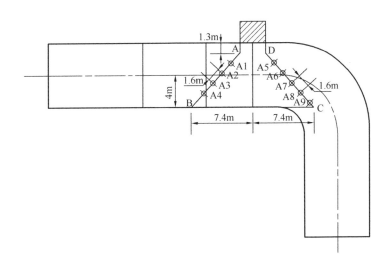

图 4-59 波陡测量第二组工况测点布置图

Fig. 4-59　The layout of measuring points in the second working condition of wave steepness

波陡的影响；5 号和 7 号也位于相同半径的圆弧上，以便于对比分析相同距离，不同河道位置处滑坡涌浪波陡的变化情况。

波陡测量第二组（工况 58）监测点的布置，主要从滑坡涌浪的传播方向上

75

进行研究，根据试验条件，在滑坡体入水点附近布置测点，能更好地对比分析滑坡涌浪在不同传播方向上波陡的变化规律。因此，试验过程中选择距离滑坡体所在岸边1.3m，距离滑坡体中心线1.5m的A点作为起点，河道对岸距离河道模型中心线7.4m的B点作为终点，连接AB两点所形成得直线，在直线AB上布置监测点，相邻监测点之间的距离为1.6m，考虑到波浪监测仪在河道内有较大的入水深度，减少测量误差，故设置A1、A2、A3、A4四个监测点。AB直线关于滑坡断面中心线对称，CD直线测点如图4-59所示，并对称标定出A5、A6、A7、A8、A9，相邻监测点的距离也为1.6m，通过试验数据处理，可以分析滑坡涌浪波陡在同一直线、不同河段上的变化规律。

在波陡测量第二组工况设计的基础上，开展第三组（工况59）监测点的布置，直线AB向左平移2m得到新的直线A1B1，以A1点为基础，每隔1.6m设置监测点，如图4-60中的B1、B2、B3、B4所示，距离河道模型下游边界14m，距离左侧岸边2.8m为基准，设置B5、B6、B7、B8、B9，每相邻监测点之间的距离为1.6m。

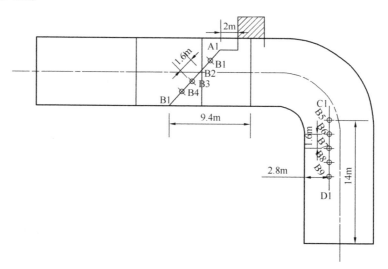

图4-60 波陡测量第三组工况测点布置图

Fig. 4-60 The layout of measuring points in the third working condition of wave steepness measurement

4.6.3 滑坡涌浪波陡变化研究

滑坡体高速滑入河道内，滑坡涌浪经历形成、传播阶段，滑坡涌浪的特性随着传播距离、河道地形、断面形状等因素变化发生变化。本试验通过滑坡涌浪波陡的基本定义，进行理论推导，通过测量滑坡涌浪的周期和波高，进而推导出波陡的基本表达式及滑坡涌浪波陡的变化规律。试验过程中，仪器的标定采用跨零点法，跨零点法是将波浪水位值的平均值作为零点线，做出波浪形态与平均水位值图，当波形曲线上升与零线相交点作为第一点，将下一次波形曲线上升与零线交点作为第二点，若横轴为时间轴，第一点与第二点的间距就是周期，纵坐标轴上最大值与最小值的差值就是该周期内的波高值，波陡的表达式如下：

$$S_t = \frac{2\pi H}{gT^2} \qquad (4-29)$$

平均波陡的表达式如下：

$$\overline{S_t} = \frac{2\pi H_{\frac{1}{3}}}{g\overline{T_c^2}} \qquad (4-30)$$

4.6.3.1 滑坡断面处波陡特性研究

试验过程中，根据特征波的定义，本章通过波浪监测仪，测得滑坡涌浪的波数、最大波高、最大周期、有义波高、有义周期，计算得到平均波高、平均周期，滑坡断面处波高和周期的观测，以图4-60中的1号、2号、3号为研究目标，通过波浪采集分析系统，监测到滑坡涌浪波高、周期的相关观测数据，如表4-3所示。

滑坡断面处波高及周期统计表　　　　　　　　　　表 4-3

The statistical table of wave height and period in profile of landslide Table 4-3

监测点	总波数	最大波高（cm）	最大周期（s）	1/3 波高（cm）	1/3 周期（s）	波高平均值（cm）	周期平均值（s）
1号	27	7.109	2.021	2.289	2.336	1.045	1.619
2号	26	6.437	2.124	2.589	1.474	1.289	1.541
3号	22	4.722	2.055	2.722	1.652	1.465	1.821

试验过程中，1号、2号、3号监测点分别距离滑坡入水点1.5m、4.4m、5.9m，滑坡涌浪的最大波高随着传播距离的增加而减小，滑坡涌浪的平均波高及有义波高随着距离的增加而增大，主要是因为监测点1号接近滑坡入水点，水面波动的更为剧烈，波高较大；而在滑坡断面处的波陡与最大波高、有义波高表现出不同的特性，滑坡体入水产生的滑坡涌浪波陡呈现出先增大，后减小的趋势，在河道中心线处的波陡值较大，滑坡涌浪在滑坡断面处波陡随传播距离变化曲线，如图4-61所示。

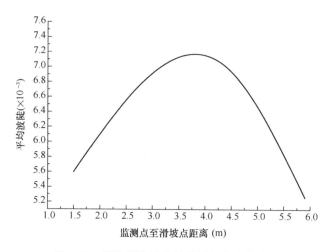

图 4-61 滑坡涌浪波陡随传播距离变化曲线

Fig. 4-61 The variation curve that wave steepness of land slide surge changes with propagation distance

4.6.3.2 直线河道内的波陡特性研究

试验过程中，为研究滑坡涌浪波陡在直线河道内的变化规律，选取三组工况进行研究，分别针对波陡试验的第一组工况 1 号、4 号、5 号三个观测点、波陡试验第二组工况 A1、A2、A3、A4，波陡试验第三组工况 B1、B2、B3、B4、B5，研究滑坡涌浪在直线河道内的波陡变化情况。波数、最大波高、最大周期、有义波高、有义周期、波高平均值及周期平均值，如表 4-4 所示。

直线河道内各监测点波高及周期统计表　　　　　表 4-4

The statistical table of wave height and period of monitoring points in the straight channel

Table 4-4

	波数	最大波高 (cm)	最大周期 (s)	有义波高 (cm)	有义周期 (s)	波高平均值 (cm)	周期平均值 (s)
1 号	27	7.109	2.021	2.289	2.336	1.045	1.619
4 号	27	2.064	1.338	1.417	1.674	0.88	1.427
5 号	18	1.45	5.655	1.007	3.318	0.579	1.949
A1 点	28	2.420	1.772	1.44	2.356	0.748	1.498
A2 点	36	2.263	1.441	1.226	1.756	0.617	1.162
A3 点	27	1.937	1.428	1.361	1.998	0.828	1.525
A4 点	24	1.640	1.538	1.206	2.680	0.74	1.654
B2 点	35	2.332	1.655	1.387	1.764	0.735	1.108
B3 点	27	1.549	2.110	1.269	1.713	0.83	1.382
B4 点	25	1.625	4.497	1.229	2.443	0.727	1.47

从表4-4中可以看出，不同监测位置的最大波高值不同。1号、4号、5号在同一直线上，滑坡涌浪在传播过程中，滑坡涌浪的波高随着传播距离的增加而减小。B1、B2、B3、B4也在同一直线上，其中B4更接近于岸边，滑坡涌浪传播到岸壁后发生反射，波浪发生叠加，导致B4点的最大波高大于B3点；滑坡涌浪在传播过程中，最大周期随着传播距离的增加而增大。直线河道典型工况下河道直线区域滑坡涌浪波陡变化曲线如图4-62所示。

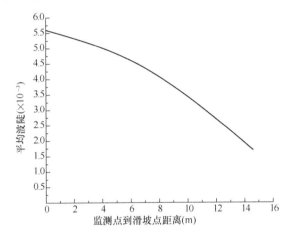

图 4-62 典型工况下河道直线区域滑坡涌浪波陡变化曲线

Fig. 4-62 The weave steepness variation curve of landslide surge in straight line area under typical working conditions

4.6.3.3 河道弯曲段波陡特性研究

试验过程中，为研究滑坡涌浪波陡在河道弯曲段内的变化规律，选取两组工况进行研究，分别对应波陡试验的第一组工况1号、6号、7号观测点、波陡试验第二组工况A5、A6、A7、A8、A9。波数、最大波高、最大周期、有义波高、有义周期、波高平均值及周期平均值，如表4-5所示。

河道弯曲段各监测点波高及周期统计表　　　表4-5

The statistical table of wave height and period of monitoring points in the tortuous channel

Table 4-5

	总波数	最大波高 (cm)	最大周期 (s)	1/3 波高 (cm)	1/3 周期 (s)	波高平均值 (cm)	周期平均值 (s)
1号	27	7.109	2.021	2.289	2.336	1.045	1.619
6号	27	1.702	2.669	1.311	1.918	0.745	1.463
7号	29	1.880	1.897	1.319	1.994	0.817	1.294
A5点	32	1.972	1.924	1.251	1.661	0.764	1.313

续表

	总波数	最大波高 (cm)	最大周期 (s)	1/3 波高 (cm)	1/3 周期 (s)	波高平均值 (cm)	周期平均值 (s)
A6 点	27	2.029	2.441	1.373	2.130	0.79	1.526
A7 点	31	1.486	2.476	1.115	2.454	0.586	1.303
A8 点	29	1.604	2.359	1.041	1.948	0.578	1.5
A9 点	30	1.721	2.262	0.952	1.819	0.588	1.309

从表 4-5 中可以看出，相同的滑坡方量，滑坡倾角，水深，滑坡体入水后，1号、6号、7号在同一直线上，最大波高呈现出先减小，后增大的趋势；A5、A6、A7、A8、A9 在同一直线上，最大波高也呈现出先减小，后增大的趋势。主要是因为滑坡涌浪在弯曲河道传播过程中，受到直角弯道的影响，阻碍滑坡涌浪的散射传播，同时，滑坡涌浪在传播过程中，滑坡涌浪冲击河岸发生反射，使滑坡涌浪发生叠加，波高增大，弯曲河道典型工况下河道直线区域滑坡涌浪波陡变化曲线如图 4-63 所示。

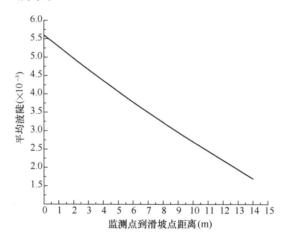

图 4-63 典型工况下弯曲河道区域滑坡涌浪波陡变化曲线
Fig. 4-63 The weave steepness variation curve of landslide surge in curved area under typical working conditions

4.6.4 滑坡涌浪爬升特征研究

船舶在航行状态或者系泊状态下，突遇滑坡涌浪，滑坡涌浪会引起河道内水位值的迅速改变，水位升高，沿着船舶外板爬升，甲板上浪会使船舶甲板的设备受损，大量甲板上浪会影响甲板上货物的稳定性，进而影响船舶的航向稳定性，造成难以预估的灾害后果。

第4章 滑坡涌浪水域船舶运动响应试验研究

本节的研究方案，以前期试验为基础，选取 1m×1m×0.4m（长×宽×厚）的滑坡方量，0.74m 水深，40°的滑坡倾角，主要研究船舶系泊于不同位置时，滑坡涌浪的爬升特征，在相同系泊位置处，滑坡涌浪在船舶附近的爬升特征。

波浪的爬高不仅要受到斜坡坡度、坡陡、爬坡方位及水深影响，而且要受到爬高时波浪形态的形态影响。《海港工程设计手册》[94]中采用华东水利学院及南京水利科学研究院模型试验和原型试验的分析成果，该方法考虑了堤前坡高、坡陡及斜坡坡度的影响。本节在估算涌浪爬坡高度时考虑了斜坡坡脚及爬坡方位角两方面因素。

对于斜坡坡度的影响而言，斜坡坡度越大，涌浪爬坡高度越小，其关系可表示为

$$\frac{\Delta h}{h} = \sqrt{\frac{\pi}{2\alpha}} \tag{4-31}$$

式中，Δh 为爬坡高度；α 为斜坡坡脚。

对于爬坡方位角的影响而言，爬坡方位角越大，涌浪爬坡高度越小，其关系式可表示为

$$\frac{\Delta h}{h} = \cos\beta \tag{4-32}$$

式中，Δh 为爬坡高度；β 为爬坡方位角。

根据式（4-31）和式（4-32），可以得到涌浪爬坡高度综合估算式：

$$\Delta h = \left[\left(\sqrt{\frac{\pi}{2\alpha}} - 1\right)\cos\beta + 1\right]h \tag{4-33}$$

4.6.4.1 滑坡涌浪爬升特征测量方案

试验过程中，选取两个不同的系泊位置，位置Ⅰ位于滑坡断面处，位置Ⅱ位于河道直线段区域内。试验开始前需进行预试验，以确定滑坡涌浪在河道内的传播方向，试验过程中需要布置船舶模型的朝向，以保证船舶布置方向与来流方向垂直，更好地比较分析不同位置处滑坡涌浪的爬升特征，具体船舶布置位置，如图 4-64 所示。

船舶经过加载后，放置于河道内，位置Ⅰ的放置方向垂直于河道两岸，位置Ⅱ与滑坡涌浪传播方向垂直，船首延长线与凸岸垂线呈

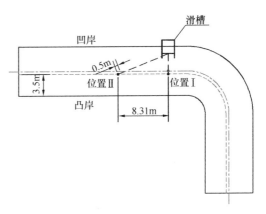

图 4-64　船舶布置位置示意图

Fig. 4-64　The schematic diagram of ship layout

22°夹角，具体船舶的布置朝向如图4-65所示。

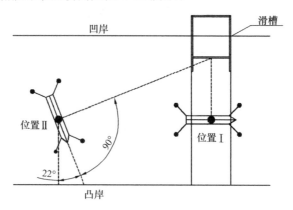

图 4-65　船舶朝向示意图

Fig. 4-65　The schematic diagram of ship towards

试验过程中监测船舶迎浪面、背浪面，船艏、船艉的波浪爬升情况，将波浪监测仪分为A、B、C、D四组，A组、C组监测点布置在船舶左舷和右舷，分别为A1、A2、A3、C1、C2、C3，船舶重心位置在A1、A2、A3、C1、C2、C3连线上，所有监测点的连线与滑坡体入水中点重合。为了更精确地测量滑坡涌浪在船舶周围的爬升数据，A1、C1距离船舶左右两舷8cm，以保证船舶在滑坡涌浪作用下，船舶与波浪监测仪不发生碰撞；A2、C2监测点距离船舶重心0.56倍船长（75.6cm）；A3、C3监测点距离船舶重心1倍的船长（135cm）；B1、B2、D1、D2分别布置于船舶艏部、艉部，B1距离船艏16cm，B2距离船舶重心位置1倍船长（135cm），D1距离船艉8cm，D2距离船舶重心位置1倍船长（135cm）。A3、B2、

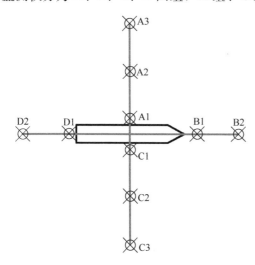

图 4-66　波浪监测仪布置示意图

Fig. 4-66　The schematic diagram of wave monitor layout

C3、D2四个监测点位于同一圆弧上，具体的测点布置如图4-66所示。

4.6.4.2　位置对滑坡涌浪爬高特性影响研究

试验过程中，根据船舶朝向位置示意图，统计各监测点的最大波峰值及最大波谷值，通过具体数据，分析滑坡涌浪在各个监测点的爬高情况，相同方量滑坡

体高速滑入 0.74m 水深河道内，各监测点的最大波峰值如表 4-6 所示。

各监测点最大波峰统计表　　　　　　　　　表 4-6

The statistical table of maximum wave peak at each monitoring point Table 4-6

位置	A3	A2	A1	B2	B1	C3	C2	C1	D2	D1
位置Ⅰ	4.13	2.6	2.14	2.08	2.01	1.75	1.76	1.64	1.86	1.94
位置Ⅱ	0.84	0.7	0.71	0.71	0.76	0.72	0.72	0.64	0.71	0.73

从表 4-6 中可以看出，滑坡体入水后产生滑坡涌浪，滑坡涌浪沿着河道内各个方向传播，通过分析各个监测点的水位值，分析滑坡涌浪的波峰数据。A3、A2、A1 监测点与滑坡入水点的距离依次增大，滑坡涌浪传播的距离逐渐增加，滑坡涌浪能量损失越大，A3、A2、A1 监测点的最大波峰值逐渐减小；A1、C1 两个监测分别布置于船舶左舷和右舷，C1 点的最大波峰值要比 A1 大，一方面是因为滑坡涌浪在传播过程中，能量逐渐衰减；另一方面是因为滑坡涌浪在传播过程中，试验船舶对滑坡涌浪起到一定的阻碍作用，致使 C1 监测点的最大波峰值小于 A1 点。从表 4-6 中可以看出，D2 监测点的最大波峰值大于 D1 监测的最大波峰值，主要是 D1 点滑坡涌浪在传播过程中，受到船舶尾部型线较大影响，导致 D1 点的最大波峰值较低；从表 4-6 中可以看出，位置Ⅱ处 10 个监测点的水位值均小于位置Ⅰ，主要是滑坡涌浪在传播过程中，能量随着传播距离的增加而减小。

4.6.4.3　不同船长位置各监测点的爬升研究

（1）1 倍船长位置监测点的爬升研究

从图 4-67 中可以看出，1 倍船长处四个监测点的最大波峰对比情况，位置

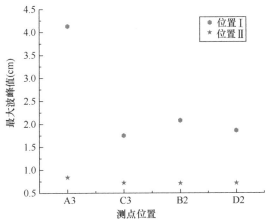

图 4-67　1 倍船长处各监测点最大波峰值

Fig. 4-67　The maximum wave peak at each monitoring point at the length of the ship

Ⅰ各监测点的水位值比位置Ⅱ处大，主要原因是因为滑坡入水点到位置Ⅰ的距离小，滑坡涌浪在传播过程中，能量损失较小，滑坡涌浪能量较大，位置Ⅰ的水位值较大。迎浪侧 A3 监测点的最大波峰值大于背浪侧 C3 监测点，主要是因为位置Ⅰ距离滑坡点较近，滑坡体高速入水后，产生的滑坡涌浪的能量更大，背浪侧距离滑坡点的相对距离较远，滑坡涌浪经过传播、爬升、碰撞消耗一部分能量。从图 4-69 中也可以看出，位置Ⅰ处四个监测点的最大波峰值呈一定梯度变化，传播距离对滑坡涌浪波峰值影响较大，位置Ⅱ处四个监测点的最大波峰值变化较为均衡，主要是位置Ⅱ距离滑坡入水点的距离较远，水面波动程度受传播的影响较小。

(2) 0.56 倍船长位置监测点的爬升研究

从图 4-68 中可以看出，位置Ⅰ处迎浪面舷侧监测点的最大波峰值大于其他方向测点（即 A2＞C2、B1、D1），背浪面舷侧监测点 C2 峰值最小，位置Ⅰ距离滑坡体入水点较近，滑坡涌浪在传播过程中，滑坡涌浪能量损失较小，滑坡涌浪的能量更大，背浪侧距离滑坡体入水点的相对距离较远，滑坡涌浪经过传播、爬升、碰撞时，消耗较大部分能量，所以，该测点的最大波峰值要小于其他方向监测点。位置Ⅱ处四个监测点的最大波峰值接近，主要是因为位置Ⅱ距离滑坡入水点的距离较远，波浪在传播过程中消耗了大量波能，当滑坡涌浪传播到位置Ⅱ时，滑坡涌浪能量发生较大的损失，部分能量引起自由液面的微幅振动。

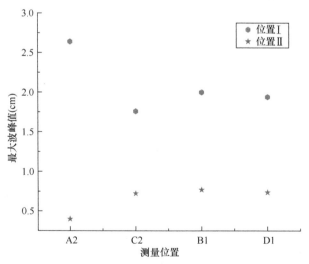

图 4-68　0.56 倍船长处各监测点最大波峰值

Fig. 4-68　The maximum wave peak at each monitoring point in at 0.56 the length of the ship

4.6.4.4 不同监测组的滑坡涌浪爬升研究

图 4-69 为位置Ⅰ与位置Ⅱ处船舶左舷、右舷两组测点（A 组、C 组）的最大波峰值。从图中可以看出，位置Ⅰ处，A 组、C 组测点沿着滑坡涌浪传播方向减小，C1、C2、C3 监测点的最大波峰值并不是随着传播距离的增加而减小，主要是滑坡涌浪传播至滑坡点对岸后，滑坡涌浪发生反射，反射波与入射波叠加，导致 C2 监测点、C3 监测点的最大波峰值增大。A1 监测点、C1 监测点中间布置船舶模型，当滑坡涌浪传播至船舶舷侧时，一部分滑坡涌浪会沿着船舶外部型线爬升，另一部分滑坡涌浪从船舶艏艉两侧传播。C1 监测点是布置于船舶背浪面的第一个监测位置，该监测点距船舶外表面较近，滑坡涌浪在背浪面一定的区域内形成涡流，导致 C1 测点波峰值小于 C2 测点波峰值。A1 监测点布置于船舶迎浪面，且离船模最近，试验过程中，通过分析 A1 监测点的滑坡涌浪高度，判断该方量的滑坡体滑入水中，产生滑坡涌浪，是否会引起甲板上浪。

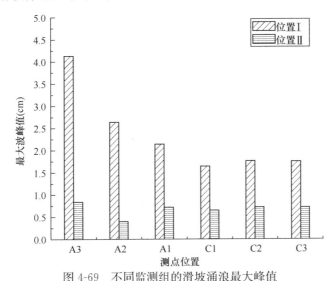

图 4-69　不同监测组的滑坡涌浪最大峰值

Fig. 4-69　The maximum peak of land slide surge in different monitoring groups

4.7　本章小结

本章结合中国船型汇编，根据三峡库区 2016～2017 年水路货运情况，选取、设计、制作试验船舶模型，并进行船舶动力装置的设计，试验过程中发现，滑坡涌浪和船舶的相互作用主要分为三个阶段，依次为滑坡涌浪的形成、传播、涌浪爬升及回流。

本章主要研究船舶航行位置、航行速度、滑坡类型、航行状态等因素对船舶主要自由度运动特性的影响规律,船舶途径1号位置、2号位置、3号位置时,船舶的横摇、横摇加速度受到不同程度的影响。船舶途径1号位置时,滑坡体入水形成滑坡涌浪,随着传播距离的增加,滑坡涌浪波浪周期发生变化。滑坡涌浪作用在船舶艏部左舷侧位置,引起船舶发生较大的横摇,最大横摇角度为5.4°,最大横摇角加速度为35.37°/s。

船舶以航行速度(0.3m/s、0.5m/s、0.7m/s)通过滑坡断面时,船舶的横摇角速度发生不同规律的变化。航速为0.3m/s时,横摇运动幅值最大;航速为0.5m/s时,船舶的横摇运动幅值次之;航速为0.7m/s时,船舶的横摇幅值最小。产生这种现象的主要原因是滑坡涌浪的能量随着传播距离的增加而逐渐减小,船舶的航行速度越小,在相同时间内,船舶距离滑坡入水点的距离越大,滑坡涌浪能量衰减越小,引起船舶发生较大的横摇幅度,最大的横摇角度为15.39°,最大的横摇角加速度为86.72°/s。

针对本章试验工况,相同滑坡方量,不同宽厚比滑坡体入水,滑坡体的宽厚比越大,滑坡涌浪的首浪高度越大,对河道内航行船舶影响更为显著,船舶受到滑坡涌浪影响后,船舶的横摇角度迅速发生变化,随着时间历程的增加,船舶依靠自身的回复力,逐渐处于平稳状态。

船舶在相同的位置,突遇相同规模的滑坡涌浪作用,航行船舶及静止船舶表现出不同的横摇及纵摇运动特性。当船舶以0.6m/s的速度航行经过1号位置时,船舶的横摇运动会出现两个较大的波峰,当船舶静止在1号位置时,船舶的横摇变化主要集中在9~18s的时间范围内,滑坡涌浪作用的连续性较强,两种情况对比分析可知,船舶在河道内突遇滑坡涌浪,船舶的航行状态决定船舶的通航安全性,当船舶与滑坡涌浪有相对运动速度时,船舶的横摇运动周期与波浪运动周期更易接近,船舶的横摇运动幅值明显增大。

船舶的通航安全受到滑坡涌浪爬升效应的影响,所以本章结合物理模型试验,从波陡相关理论出发,优化试验方案及测量方案,研究滑坡断面处、直线河道内、河道弯曲段内的波陡特性,通过物理模型试验的数据,拟合滑坡断面处波陡变化特征曲线。滑坡涌浪在滑坡断面处传播,波陡呈现出先增大,后减小的趋势,在河道中心线处的波陡值较大,直线河道及弯曲河道内,滑坡涌浪波陡随着监测点和入水点距离的增加,而呈现出非线性减小的趋势。

针对滑坡涌浪爬升特征研究,试验选取1m×1m×0.4m(长×宽×厚)的滑坡方量,0.74m水深,40°的滑坡倾角,针对试验船舶的主尺度,确定试验的布置方案和测量方案,研究表明,当滑坡涌浪传播至船舶舷侧时,一部分滑坡涌浪会沿着船舶外部型线上升,另一部分滑坡涌浪会从船舶艏艉两侧传播,离滑坡入水点越近,滑坡涌浪的爬升效果越显著,迎浪侧的爬升高度大于背浪侧的爬升高度。

第 5 章　滑坡涌浪水域船舶通航安全预控方法研究

水库岸坡沿着软弱结构面高速下滑，滑坡体入水砰击，形成滑坡涌浪，滑坡涌浪是主要的次生灾害，具有发生时间短，冲击力大的特点，会对库区码头、岸标、水中建筑物及航行船舶的安全造成严重威胁，为保证船舶在通航过程中的安全性，本章研究船舶突遇滑坡涌浪，主动采取应急措施，根据库区滑坡预警灾害系统，提前布置紧急系泊系统，主动操纵船舶转向，进一步提高滑坡涌浪水域船舶通航的安全性。

5.1　滑坡涌浪水域船舶应急系泊研究

5.1.1　系泊系统的布置设计

船用系泊系统主要是指将船舶停靠在码头、岸边、浮筒等设施附近时，所使用的系泊缆索及系泊机械，系泊系统的主要作用是限制停泊船舶各自由度的运动，保证船舶正常作业的安全性。根据船舶吨位的大小及船舶停泊时的水域环境，主要的系泊方式有舷侧系泊、艏艉系泊、单点系泊和多点系泊。

5.1.1.1　锚泊分类

根据船舶航行的水域及气象条件，确定船舶的抛锚方式，常见的抛锚形式有船艏抛锚、船艉抛锚、舷侧抛锚、多点锚泊等形式。

（1）船艏抛锚

船艏抛锚分为船艏抛单锚和船艏抛双锚两种方式。在气象条件较好，停泊时间短的情况下，选择抛单锚，在水域环境复杂、风浪较大、航道受限的情况下，易采用抛双锚，船艏抛锚形式如图 5-1 所示。

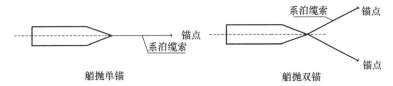

图 5-1　船艏抛锚

Fig. 5-1　Ship bow drop anchor

（2）船艉抛锚

船艉系泊是将船舶尾端系结在码头上的形式，主要在码头长度受限的时候使用；内河船舶在河道内顺流航行时，为避免船舶因抛锚而调头，经常采用船艉抛锚的形式，船艉抛锚的船舶应当具有较好的艉锚设备，船艉抛锚形式如图 5-2 所示。

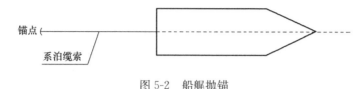

图 5-2 船艉抛锚

Fig. 5-2 Ship stern drop anchor

（3）舷侧抛锚

船舶停靠在高桩码头或者趸船周围时，易采用舷侧系泊的形式，其缆绳的布置形式根据工作水域的情况而定，缆绳的数量则根据船舶所受到的外载荷而进行优化设计。

当船舶受到横向风、流的作用时，易采用舷侧抛锚的形式，作用是限制船舶的横向位移，舷侧抛锚的优势在于船舶的中纵剖面与风向呈一定的夹角，更有利于船舶的内部通风，舷侧抛锚形式如图 5-3 所示。

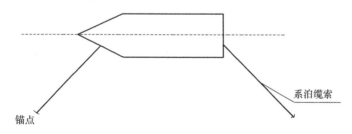

图 5-3 舷侧抛锚

Fig. 5-3 Side broke down

（4）单点锚泊和多点锚泊

单点系泊系统的工作特点是其不需要靠近港口，在离岸较远的区域可以设置浮筒或者结构架，单点系泊浮筒用 4～8 根锚链固定在河道底部，浮筒上有转盘和旋转密封接头，当外界环境载荷发生变化时，船舶绕系泊位置转动，直至平衡在受力较小的位置。

海洋平台、打捞船、工程船在作业时对各个方向的位移限制比较严格，通常采用多点锚泊的方式进行定位[95]，多点抛锚形式如图 5-4 所示。

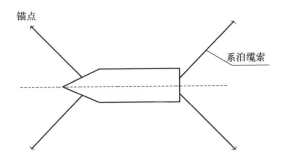

图 5-4 多点抛锚

Fig. 5-4 Multi-point anchoring

5.1.1.2 系泊缆索布置形式

根据系泊缆索在水中的状态,可以将系泊缆索分为张紧式系泊系统和悬链线式系泊系统,悬链线式系泊系统依靠锚链自身重力,使系泊结构物在指定的位置附近运动,控制系泊结构物的运动响应幅值,使其满足相应规范的要求。根据悬链线系泊系统的作用原理,系泊缆索提供的顶端张力越大,更需要锚链具有足够大的重量,这对船舶自身的载重量具有一定的影响,悬链线系泊系统需要锚链在系泊缆索底部具有足够的躺底长度,以保证悬链线系泊系统具有足够大的回复刚度,悬链线式系泊系统的工作受水深影响,工作水深越大,系泊缆索的长度越大,系泊缆索重量越大,系泊缆索的造价、成本越高,针对悬链线系泊系统的缺点,张紧式系泊系统采用聚酯缆索制造而成,能有效增加系泊缆索的承载能力、系泊半径小,安装方便,成本低,张紧式系泊系统与悬链线式系泊系统示意图如图 5-5 所示。

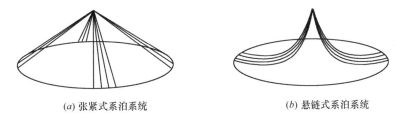

(a) 张紧式系泊系统　　　　(b) 悬链式系泊系统

图 5-5 张紧式系泊系统/悬链线系泊系统

Fig. 5-5 Taut Mooring System/ Catenary mooring system

5.1.1.3 系泊系统设计

系泊系统的设计采用集中质量法,将系泊缆离散成许多段,每一段用质点表示,质点间通过弹簧连接,所有外力认为作用在质点上,每一质点的运动方程为:

$$(M+A_{11})x+A_{12}y+A_{13}z=F_x \tag{5-1}$$

$$A_{21}x+(M+A_{22})y+A_{23}z=F_y \qquad (5\text{-}2)$$

$$A_{31}x+A_{32}y+(A_{33})z=F_y \qquad (5\text{-}3)$$

式中，M是质点的质量；A_{ij}是附加质量；$F=(F_x,F_y,F_z)$为所选取微段所受外力，包括重力、流体拖曳力、浮力和弹性拉伸力。

作用在质点上的流体拖曳力用Morison公式求得：

$$f_t = \frac{1}{2}\rho C_{Dt} Dl\, U_t |U_t| \qquad (5\text{-}4)$$

$$f_s = \frac{1}{2}\rho C_{Ds} Dl\, U_s |U_s| \qquad (5\text{-}5)$$

$$f_n = \frac{1}{2}\rho C_{Dn} Dl\, U_n |U_n| \qquad (5\text{-}6)$$

式中，t、s、n为局部坐标系的三个单位矢量；D和l为所选取微段的直径和长度；ρ为海水密度；C_{Dt}，C_{Ds}，C_{Dn}分别为三个方向上的拖曳系数；U_t，U_s，U_n分别为质点在三个方向上相对于流体的速度[96]。

本章所叙述的张紧式系泊系统及悬链线式系泊系统的优缺点，本文依据三峡库区船舶通航特点，结合滑坡涌浪发生时的瞬时性、特殊性，研发一种滑坡涌浪水域船舶快速抛锚的系泊系统，并采用艏艉抛锚、多点抛锚的系泊形式，对比分析适用于滑坡涌浪水域船舶快速抛锚的系泊系统优缺点，多点系泊系统采用四锚链的形式，锚链分别固定于船舶的船艏和船尾的左右舷，艏艉抛锚的形式分别将在船舶艏艉的中线抛出，不同锚链的系泊形式如图5-6所示。

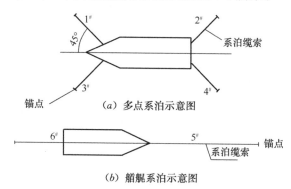

图 5-6 多点系泊与艏艉系泊示意图

Fig. 5-6 The schematic diagram of multi-point mooring and moor fore and-aft

根据《海港工程手册》[94]中锚链强度的相关规定，确定锚链的直径为42mm，根据试验模型的缩尺比，确定本试验所设计的锚链直径为0.6mm，满足系泊缆索的重力相似。所设计的锚链采用不锈钢材质构成，锚链上配有重量及弹簧，保证试验模型与锚链原型具有相同的特性。根据悬链线方程，计算锚链在水中的姿态及形状，确定锚链的抛出长度。

根据国内外学者的研究结果，船舶在横浪的作用下，船舶横荡、横摇和纵摇运动幅值较大。所以，本试验针对船舶所受外界环境最危险的情况进行分析，系泊位置Ⅰ和系泊位置Ⅱ处船舶的中纵剖线都与船舶重心与滑坡入水点连线垂直，多点系泊与艏艉系泊的锚链布置形式，如图5-7所示。

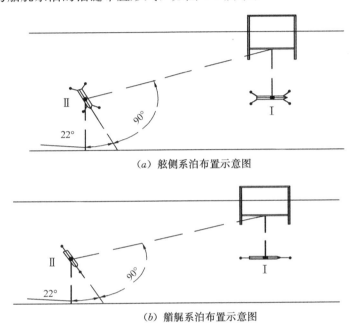

(a) 舷侧系泊布置示意图

(b) 艏艉系泊布置示意图

图 5-7 试验过程中舷侧系泊与艏艉系泊的布置形式

Fig. 5-7 The layout form of side mooring and moor fore and-aft during test

(a) 舷侧系泊布置示意图；(b) 艏艉系泊布置示意图

5.1.1.4 船舶运动的坐标系及浪向的定义

研究船舶运动的过程中，为了得到船舶在横荡、纵荡、垂荡、横摇、纵摇和首摇六个自由度上的运动情况，需要建立适当的坐标系，以便于对各运动进行量化分析。船舶的六个自由度的运动中，三个为平移运动，三个为旋转运动，所以我们需要分别利用三个坐标轴对船舶的运动进行描述，船舶的运动示意图如图5-8所示。

通常在船舶运动的研究中，我们采用两种类型的参考系来定义坐标，一是以大地作为参考系的大地坐标系，二是以船体作为参考系的船体坐标系。下面分别对两种坐标系进行简要描述。

(1) 大地坐标系

船舶的动力学问题都需要一个惯性参考系作为其基础，我们在研究船舶运动

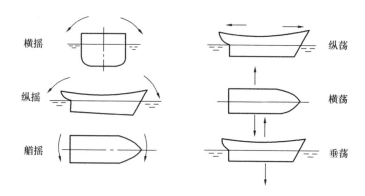

图 5-8 船舶的运动示意图

Fig. 5-8 The schematic diagram of ship motion

的时候，必须要在一个惯性坐标系上进行。研究船舶运动时所建立的惯性坐标系也称为大地坐标系，遵循右手定则，即取大地上任何一点作为原点，由过原点且平行于水平面和船舶中纵剖面的直线作为 x 轴，其正方向定义为由船艉指向船艏，将平行于水平面和船舶中横剖面的直线作为 y 轴，船舶右舷指向其左舷定义为其正方向，将垂直于 x 和 y 轴且竖直向上的直线定义为 z 轴。

（2）船体坐标系

船舶运动的过程中，使用固定坐标系求解，会使问题变得非常复杂。因此，以船体为参考系，将坐标系固定在船上，随着船舶的运动而运动。船体的转动是以重心为中心，通常将坐标系的原点取在船体的重心处，并且与大地坐标系的定义大致相同，将船体中纵剖面内平行于水平面的一直线作为 x 轴，由船艉指向船艏为其正方向，将垂直于船舶纵剖面且平行于水平面的直线作为 y 轴，将垂直于水平面的直线作为 z 轴，y 轴和 z 轴的方向刚好和大地坐标系相反，y 轴由船体左舷指向右舷，z 轴则竖直向上，船体坐标系如图 5-9 所示。

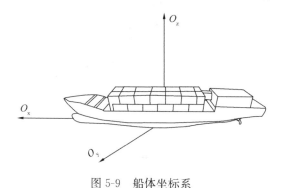

图 5-9 船体坐标系

Fig. 5-9 Ship coordinate system

第5章 滑坡涌浪水域船舶通航安全预控方法研究

船舶艏部前进的方向与波浪前进方向之间的夹角,称为浪向角,不同浪向角对船舶的运动响应产生不同的影响。船舶艏部向左右两舷各15°的范围内来流,称为顶浪,船舶艏部向左右两舷从15°到75°范围内的来流称为艏斜浪,垂直于船体中线且沿着船艏和船艉各15°范围内的来流成为横浪,沿着船舶向左右两舷从15°到75°范围内的来流称为艉斜浪,沿着船艉向船舶左右两舷各15°范围内的来流成为顺浪,具体的浪向规定如图5-10所示。

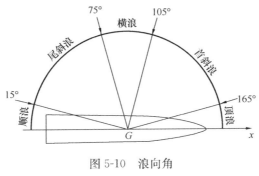

图 5-10 浪向角

Fig. 5-10 Wave angle

5.1.2 试验工况

本节依据前期调研情况,山体滑坡倾角在20°~60°,总结发生山体滑坡的相关数据,平均倾角为36°,通过第3章的研究结果表明,当滑坡倾角为40°时,滑坡体与水体能量交换较为充分,滑坡涌浪的最大水位值变化较大,滑坡涌浪对水工结构物的影响越大。所以,本节试验滑坡倾角为40°,试验水深为0.74m,主要以船舶系泊位置及系泊缆索的布置形式为变量,分析各工况下船舶的运动特性及系泊缆索顶端张力变化情况,具体工况在表2-1的基础上做详细说明,如表5-1所示。

工 况 表 表 5-1
working table Table 5-1

序号	方量(长×宽×高)	水深(m)	滑坡倾角	浪向	锚链条数	系泊位置	测点
62	1m×1.0m×0.4m	0.74	40°	横浪	4	1号	D1
63	1m×1.0m×0.4m	0.74	40°	横浪	2	2号	D2
64	1m×1.0m×0.4m	0.74	40°	横浪	2	1号	D1
65	1m×1.0m×0.4m	0.74	40°	横浪	4	2号	D2

5.1.3 各监测位置处滑坡涌浪特性研究

试验过程中,将船舶分别以不同的布缆形式系泊于直线河道及滑坡断面位置，分别为 1 号、2 号，船舶的系泊位置选取在距河道中心线且偏向凸岸 0.5m 的位置，2 号位置与滑坡入水点的水平距离为 8.31m。试验过程中，需要测得该工况下滑坡涌浪的波高、周期等滑坡涌浪参数，该测量仪器放置在距离船舶系泊点 0.5m 的位置处，该位置既能准确测得滑坡涌浪的相关参数，也可以尽量减少船舶对滑坡涌浪参数的影响，测量监测点分别为 D1、D2，具体如图 5-11 所示。

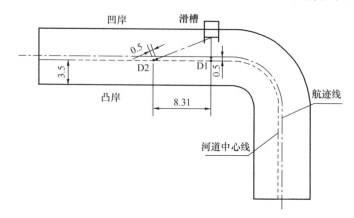

图 5-11 锚泊点及波浪参数测量点示意图

Fig. 5-11 The schematic diagram of anchorage and wave parameter measurement points

试验过程中，采用 UBL-2 超声波浪采集分析系统采集源数据，通过探头上方水位的变化，与初始位置数据做比较，从而采集、计算到该点滑坡涌浪的实时数据。仪器每隔 0.0069s 采集一次数据，试验过程中，采集数据的时长仍为 50s，每组工况共采集 7250 个数据，数据采集完成后，通过预先设定的程序，自动计算出该段时间内的波数、最大波高、最大周期、有义波高、有义周期，D1、D2 位置处波浪要素统计如表 5-2 所示。

D1、D2 位置处波浪要素统计表　　　　　　　　　　表 5-2

The statistical table of wave elements at positions D1 and D2　　　Table 5-2

波浪要素	D1 位置	D2 位置
总波数	24	27
最大波高（cm）	4.149	1.498
最大周期（s）	2.662	0.779
1/10 波高（cm）	3.356	1.354
1/10 周期（s）	1.969	1.01
1/3 波高（cm）	2.135	1.089
1/3 周期（s）	2.465	1.839
波高平均值（cm）	1.126	0.714
周期平均值（s）	1.672	1.392

从表 5-2 中可以看出，相同的滑坡体、模型、河道条件，D1、D2 位置处总波数有略微的区别，主要是因为 D1、D2 位置到滑坡入水点距离不同，滑坡涌浪在传播过程中，相互叠加，导致在发生位置的总波数与传播过程中各位置处的波数有略微差别，D1 位置处的滑坡涌浪水位值变化如图 5-12 所示。

从图 5-12 中可以看出，该工况滑坡涌浪峰值的变化呈现出首个峰值较大，第二个峰值，第三个峰值逐渐减小，随着时间历程的增加，滑坡涌浪的水位值继续减小，最终趋于稳定状态，该时刻水面恢复平静。该工况下最大波峰值为 2.39cm，最大波高为 4.15cm，最大波高及最大波峰出现在滑坡体入水后形成的第一个波峰位置，将最大波高、有义波高按照模型试验缩尺比换算，实际滑坡涌浪最大值为 2.90m，按照涌浪的分别规则可知，该位置处的涌浪属于大涌。

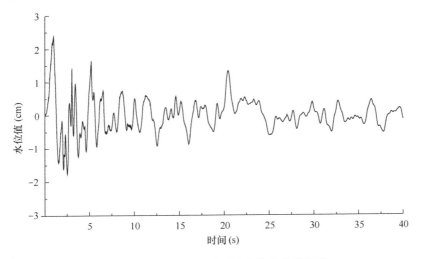

图 5-12 D1 位置处滑坡涌浪水位值变化曲线

Fig.5-12 The variation curve of land slide surge water level at position D1

从图 5-13 中可以看出，D2 位置处的滑坡涌浪水位值变化较 D1 位置处平缓，主要是因为 D2 位置距离滑坡入水点较远，滑坡涌浪在传播过程中，能量逐渐减小，D2 位置处滑坡涌浪的首浪峰值为 0.51cm，将最大波高按照模型试验缩尺比换算，实际滑坡涌浪最大值为 1.05m，按照涌浪的规则可知，该位置处的涌浪属于中涌；随着时间历程的增加，滑坡涌浪在 D2 位置处的水位值变化较小。14.03s 时刻，滑坡涌浪的水位值出现极大的波谷值，出现该现象的主要原因是滑坡涌浪在传播过程中，水质点运动彼此牵连，滑坡涌浪呈扩散型传播，引起水质点共振，出现极大值，随着时间历程的继续增加，滑坡涌浪的能量逐渐消耗，水面波动剧烈程度逐渐降低。

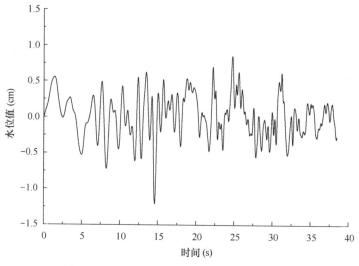

图 5-13　D2 位置处滑坡涌浪水位值变化曲线

Fig. 5-13　The variation curve of land slide surge water level at position D2

5.2　滑坡涌浪水域船舶艏艉系泊动力特性研究

滑坡涌浪水域通航船舶，突遇滑坡涌浪，应采取主动系泊的方式进行避险，船舶在系泊状态下，主要研究系泊船舶的横摇和纵摇幅值，判断船舶是否会发生侧翻，研究系泊缆索的顶端张力，分析系泊缆索是否会发生断裂，因此，本节主要研究船舶的横摇、纵摇及系泊缆索的张力变化。船舶运动的姿态采集器放置在预先标定的船舶重心位置，X 方向沿着船长方向，船艏到船艉方向为正，Y 方向沿着船宽方向，右舷到左舷为正，船舶运动姿态采集器每隔 0.25s 采集一次数据，采集总时长为 50s，每组工况自动采集 200 个数据。

5.2.1　滑坡涌浪水域艏艉系泊船舶运动响应研究

（1）D1 位置处艏艉系泊船舶运动影响研究

从图 5-14 中可以看出，滑坡体入水，产生滑坡涌浪，滑坡涌浪在河道内各个方向传播，当滑坡涌浪与船舶发生相互作用时，船舶在艏艉系泊缆索的作用下，横摇曲线发生周期性变化。该工况作用下，船舶的最大横摇角度为 9.39°，并未达到船舶在恶劣海况下的运动幅值，系泊船舶处于安全状态，滑坡涌浪在传播过程中，能量逐渐衰减，船舶依靠自身的回复力及系泊缆索的顶端张力，船舶的横摇运动幅值逐渐减小，最终处于稳定状态。

从图 5-15 中可以看出，滑坡涌浪在河道内传播，与船舶发生相互作用，船舶的纵摇运动也发生周期性的变化，纵摇的最大幅值为 0.74°，可以看作无纵摇运动，船舶处于安全状态。

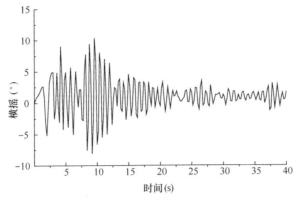

图 5-14　D1 位置处船舶纵摇运动时间历程曲线

Fig. 5-14　The time history curve of ship pitching at position D1

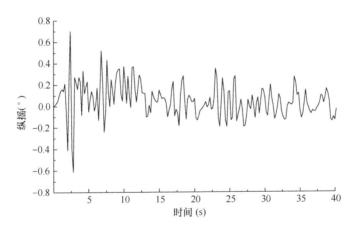

图 5-15　D1 位置处船舶纵摇运动时间历程曲线

Fig. 5-15　The time history curve of ship pitching at position D1

通过试验横摇、纵摇数据的分析，研究该工况船舶横摇、纵摇运动的周期数，横摇运动的周期数为 52，纵摇运动周期为 40，纵摇运动的周期明显小于横摇运动周期。

(2) D2 位置处舯艉系泊船舶运动影响研究

从图 5-16 中可以看出，滑坡体入水后产生滑坡涌浪，滑坡涌浪沿着河道上下游传播，当滑坡涌浪与船舶相互作用时，船舶的横摇运动幅值迅速发生变化，由于 2 号位置距离滑坡入水点较远，滑坡涌浪在传播过程中能量损失较大，船舶的横摇最大幅值为 2.69°，随着滑坡涌浪能量的进一步减小，船舶的横摇运动幅值也逐渐减小，船舶的横摇运动呈现周期性的变化，变化过程较为平缓。

从图 5-17 中可以看出，滑坡涌浪在河道内传播，与船舶发生相互作用，引

97

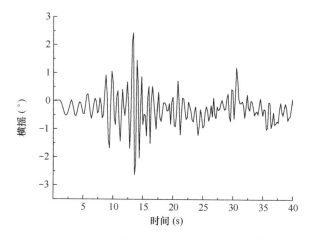

图 5-16 D2 位置处船舶横摇运动时间历程曲线
Fig. 5-16 The time history curve of ship rolling at position D2

起船舶纵摇运动幅值的变化，船舶在设计过程中，具有较好的纵向抵抗风浪的能力，该工况中，船舶的纵摇运动幅值最大值为 0.66°。

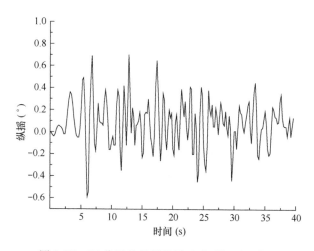

图 5-17 D2 位置处船舶纵摇运动时间历程曲线
Fig. 5-17 The time history curve of ship pitching at position D2

通过对船舶横摇、纵摇数据的分析，研究该工况中船舶横摇、纵摇运动的周期数，由于滑坡涌浪在传播过程中，波高逐渐减小，波长逐渐增大，导致传播的横摇及纵摇周期数发生明显变化，横摇运动的周期数为 37，纵摇运动周期为 33。

5.2.2 滑坡涌浪水域艏艉系泊缆索张力特性研究

(1) D1 位置处艏艉系泊缆索张力特性研究

图 5-18(a)、图 5-18(b) 分别表示船舶在河道内 D1 位置系泊时，艏艉系泊缆索的顶端张力变化曲线，从图 5-18 中可以看出，滑坡涌浪在河道内传播，与船舶发生相互作用，引起船舶主要自由度的变化，系泊缆索限制船舶在平面内及平面外的运动。当滑坡涌浪与船舶相互作用的时刻，系泊缆索的艏缆顶端张力迅速增加，最大值为 38.7N，艉缆的顶端张力最大值为 62.1N，系泊缆索在滑坡涌浪的作用下出现张紧-松弛，导致系泊缆索的时间历程变化会出现若干个峰值，峰值的最大值依次减小，这主要与滑坡涌浪能量的逐渐减小有直接的联系，当河

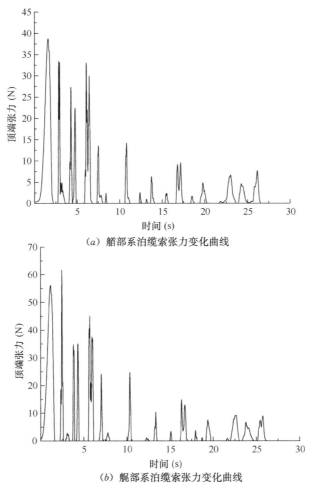

(a) 艏部系泊缆索张力变化曲线

(b) 艉部系泊缆索张力变化曲线

图 5-18 D1 位置处船舶艏艉系泊缆张力变化时间历程曲线

Fig. 5-18 The time history curve of the tension change of moor fore and-aft at position D1

道内水面逐渐恢复平静后,系泊缆索的顶端张力也出现明显的下降。

对比分析图 5-18（a）、图 5-18（b）可知,船舶采用艏艉系泊的方式,停靠在河道内 D1 位置,船舶艏艉系泊缆索顶端张力变化趋势基本一致,从艏艉系泊缆索的顶端张力对比分析可知,船舶艏部系泊缆索的顶端张力最大值较船舶艉部大,但是在滑坡涌浪的作用过程中,船舶艉部系泊缆索顶端张力变化的持续时间较长,发挥更主要的作用。

（2）D2 位置处艏艉系泊缆索张力特性研究

图 5-19（a）、图 5-19（b）分别表示船舶在河道内 D2 位置系泊时,艏艉系

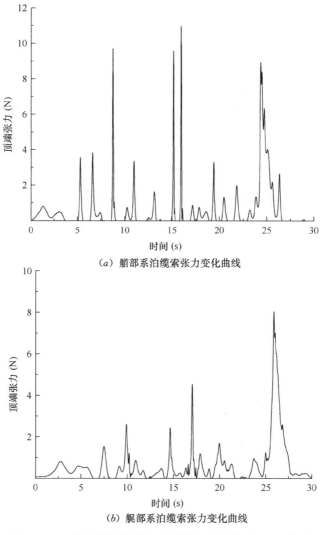

(a) 艏部系泊缆索张力变化曲线

(b) 艉部系泊缆索张力变化曲线

图 5-19 D2 位置处船舶艏艉系泊缆张力变化时间历程曲线

Fig. 5-19 The time history curve of the tension change of moor fore and-aft at position D2

泊缆索的顶端张力变化曲线,从图 5-19 中可以看出,滑坡涌浪在河道内传播,与船舶发生相互作用,引起船舶主要自由度的变化,船舶艏部锚链的最大顶端张力为 10.93N,船舶艉部锚链的最大顶端张力为 4.59N,当船舶艏艉的系泊缆索顶端张力出现最大峰值后,艏艉系泊缆索都出现张紧—松弛状态,直至滑坡涌浪能量逐渐减小,艏艉系泊缆索的顶端张力也逐渐趋于平稳。

对比分析图 5-19(a)、图 5-19(b)可知,滑坡涌浪作用下,船舶的主要自由度运动幅值发生变化,由于 D2 位置的特殊性,滑坡涌浪传播至 D2 位置时,艏系泊缆索较先发挥作用,艏部系泊缆索张力变化时间较长,发挥主要作用。同时,艏部系泊缆索的顶端张力较艉部系泊缆索的顶端张力大,综合分析可知,D2 位置处船舶艏艉系泊形式作用下,船舶艏部系泊缆索的贡献较大。

5.3 滑坡涌浪水域船舶舷侧系泊动力特性研究

5.3.1 滑坡涌浪水域多点系泊船舶运动响应研究

(1) D1(滑坡断面)位置处多点系泊船舶运动响应研究

从图 5-20 中可以看出,船舶通过多点系泊的形式系泊于 D1 位置,当滑坡涌浪传播至 D1 位置时,船舶发生较大幅度的横摇运动,横摇运动最大幅值为 21.59°,横摇最大运动幅值发生在滑坡涌浪波高较大的时刻,随着滑坡涌浪传播距离的增加,滑坡涌浪携带的能量逐渐衰减,船舶依靠自身的回复力及系泊缆索的拉力作用,船舶横摇运动幅值逐渐减少。

从图 5-21 中可以看出,船舶在滑坡涌浪的作用下,纵摇的运动幅值呈现周

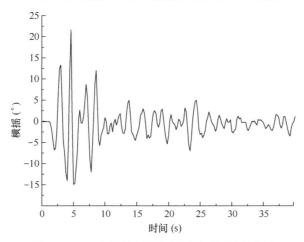

图 5-20 D1 位置处船舶横摇运动时间历程曲线

Fig. 5-20 The time history curve of ship rolling at position D1

期性的变化,该工况下船舶纵摇运动的最大幅值为 1.22°,纵摇运动的时间历程曲线也呈现出先增大,后减小的趋势。

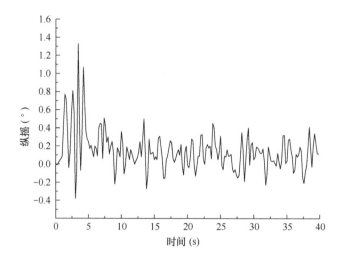

图 5-21 D1 位置处船舶纵摇运动时间历程曲线

Fig. 5-21 The time history curve of ship pitching at position D1

通过试验数据的分析,研究该工况中船舶横摇、纵摇运动的周期数,多点系泊系统的作用下,船舶横摇运动的周期数为 26,纵摇运动的周期数为 45,该系泊系统的作用下,纵摇运动的周期较横摇运动周期多,纵摇运动较为剧烈。

(2) D2(直线河道)位置处多点系泊船舶运动响应研究

图 5-22 为 D2 位置船舶横摇运动时间历程曲线,图 5-23 为 D2 位置船舶纵摇运动时间历程曲线,从图 5-22、图 5-23 中可以看出,滑坡体入水后,激起滑坡

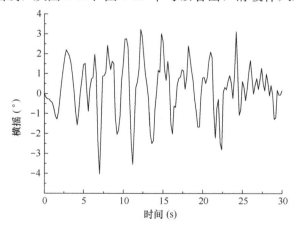

图 5-22 D2 位置处船舶横摇运动时间历程曲线

Fig. 5-22 The time history curve of ship rolling at position D2

涌浪在河道内传播，当滑坡涌浪传播至 D2 位置时，引起船舶横摇、纵摇变化，横摇运动的最大幅值为 4.3°，纵摇运动的最大幅值为 0.67°，滑坡涌浪传播至 D2 位置时，能量逐渐减小，波长增大，波高减小，导致该位置处船舶的横摇周期及纵摇周期减少，且纵摇周期数量较横摇周期数量多，横摇周期 21，纵摇周期 26。

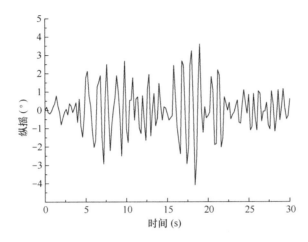

图 5-23　D2 位置处船舶纵摇运动时间历程曲线

Fig. 5-23　The time history curve of ship pitching at position D2

5.3.2　滑坡涌浪水域多点系泊船舶张力特性研究

（1）D1 位置处多点系泊船舶系泊缆索张力特性研究

试验过程中，多点系泊系统的布置结合张紧式系泊系统及悬链线式系泊系统的优缺点，针对滑坡涌浪对水工结构物的作用特点，采用四锚链的形式，1 号、2 号锚链位于船舶右舷的船艏、船艉部位，3 号、4 号锚链位于船舶左舷船艏、船艉部位。

该工况为船舶中纵剖面与河道两岸相互平行，滑坡涌浪发生后，直接作用在船舶的左舷位置，即横浪作用，船舶采用四锚链的多点系泊方式。从图 5-24 中可以看出，滑坡涌浪传播至 D1 位置时，船舶的四根系泊缆索顶端张力瞬时增加，并且呈现周期性的变化，四根系泊缆索顶端张力出现最大值的时刻相同，3 号锚链的顶端张力最大值为 24.09N，4 号锚链的顶端张力最大值为 31.43N，2 号锚链顶端张力最大值为 31.43N，1 号锚链顶端张力最大值为 38.43N。从图 5-24（a）～图 5-24（d）可以看出，当滑坡涌浪与船舶发生相互作用的初始时刻时，四根系泊缆索的顶端张力增大，随着时间历程的增加，滑坡涌浪的能量逐渐减小，最终趋于稳定值。

对比分析图 5-24（a）、图 5-24（b）可知，船舶左舷 3 号、4 号锚链顶端张力变化规律与滑坡涌浪的衰减规律基本一致，由于船艏锚链及船艉锚链布置的特殊性，导致船艉锚链的顶端张力值较大。当滑坡涌浪能量逐渐衰减，船舶左舷艏部顶端张力衰减较快，船舶尾部锚链顶端张力衰减具有一定的延后性。

对比分析图 5-24（c）、图 5-24（d）可知，船舶右舷 1 号、2 号锚链顶端张力变化规律与滑坡涌浪的衰减规律基本一致，1 号系泊缆索顶端张力值较大，主要是 1 号锚链、4 号锚链呈反对称形式，滑坡涌浪从左岸传播至右岸时，4 号发挥较大作用，船舶在横荡的运动过程中，系泊缆索出现张紧-松弛状态，1 号系泊缆索发挥主要作用，滑坡涌浪从左岸传播至右岸后，滑坡涌浪反射，作用在船舶右岸，导致 1 号系泊缆索的顶端张力较大。

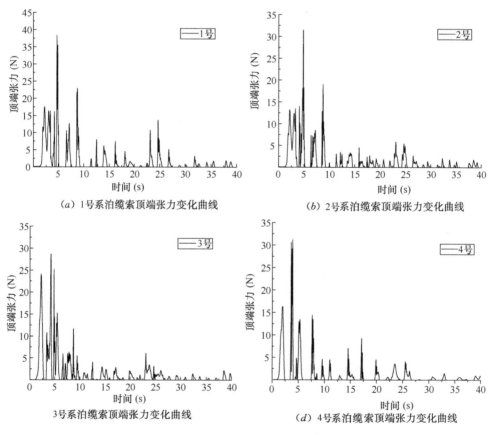

图 5-24　D1 位置处多点系泊缆索顶端张力变化时间历程曲线

Fig.5-24　The time history curve of the top tension variation of multi-point mooring at position D1

(a) 1 号系泊缆索顶端张力变化曲线；(b) 2 号系泊缆索顶端张力变化曲线；(c) 3 号系泊缆索顶端张力变化曲线；(d) 4 号系泊缆索顶端张力变化曲线

第5章 滑坡涌浪水域船舶通航安全预控方法研究

（2）D2位置处多点系泊船舶系泊缆索张力特性研究

试验过程中，为分析相同系泊形式、不同系泊位置滑坡涌浪对船舶运动的响应规律以及系泊缆索顶端张力的变化规律，船舶在D2位置处的系泊形式与D1相同，仍然采用四锚链的系泊形式，1号、2号锚链位于船舶右舷的船艏、船艉部位，3号、4号锚链位于船舶左舷船艏、船艉部位。

从图5-25（a）～图5-25（d）对比分析可以看出，滑坡涌浪在河道内上下游传播，当滑坡涌浪与船舶相互作用，船舶的六自由度运动幅值发生变化，多点系泊的各系泊缆索顶端张力在不同的起始时刻发生周期性变化，1号系泊缆索的顶端张力最大值为2.6N，2号系泊缆索的顶端张力最大值为5.25N，3号系泊缆索的顶端张力最大值为12.37N，4号系泊缆索的顶端张力最大值为5.98N。

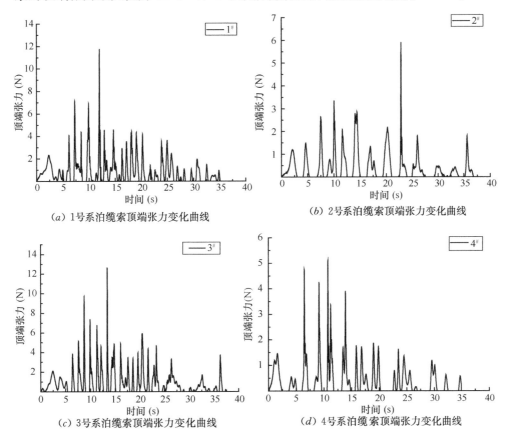

(a) 1号系泊缆索顶端张力变化曲线

(b) 2号系泊缆索顶端张力变化曲线

(c) 3号系泊缆索顶端张力变化曲线

(d) 4号系泊缆索顶端张力变化曲线

图5-25 D2位置处多点系泊缆索顶端张力变化时间历程曲线

Fig. 5-25 The time history curve of the top tension variation of multi-point mooring at position D2

从图 5-25（a）～图 5-25（d）对比分析可以看出，D2 位置船舶各系泊缆索的顶端张力呈现周期性的变化，各系泊缆索的顶端张力最大值并不是出现在滑坡涌浪开始作用的时刻，主要原因为滑坡涌浪在传播过程中，能量逐渐衰减，该部分能量作用在船舶上，使船舶发生各自由度运动幅值的变化，系泊缆索出现张紧—松弛的情况，滑坡涌浪在传播过程中，波浪周期、波长也发生变化，当波浪周期与船舶运动周期接近时，船舶的运动幅值突然增大，多点系泊系统约束船舶的大幅度运动，导致系泊缆索的顶端张力快速增大，以保证系泊船舶的安全性。

对比分析可知，1 号、2 号、3 号、4 号系泊缆索的顶端张力最大值相差较大，主要与系泊缆索的布置形式有关，由于 3 号系泊缆索布置于迎浪侧，且位于船艏部位，当滑坡涌浪传播至船舶周围区域，迎浪侧系泊缆索受到较大拉力，背浪侧的系泊缆索顶端张力较小。

5.4 滑坡涌浪水域船舶通航安全预控方法对比研究

5.4.1 船舶运动响应特性对比研究

试验过程中，选取滑坡体的方量为 $1m \times 1m \times 0.4m$，对比分析船舶锚泊在河道内不同位置处的运动响应幅值及系泊缆索的顶端张力变化情况，由于 1 号系泊位置离滑坡入水点距离较近，船舶受到滑坡涌浪的冲击作用较大，船舶系泊于 2 号位置时，受到滑坡涌浪作用效果较小，本章在试验实测数据的基础上，通过理论分析，提出滑坡涌浪水域船舶通航安全的预控方法，进而提高船舶通航的安全性。

从图 5-26 中可以看出，船舶系泊于河道内不同位置，滑坡涌浪水域，船舶的横摇运动幅值及纵摇运动幅值变化程度不同，当船舶在航行过程中，接收到滑坡涌浪发生预警后，应该降低航行速度，快速抛锚，系泊于河道内，针对本文研究的系泊方式，应采取艏艉抛锚或者多点系泊的方式，尽量减小船舶的横摇运动幅值。本书研究滑坡涌浪的类型及传播形式，对比分析船舶横摇运动幅值及纵摇运动幅值，当船舶系泊于滑坡涌浪发生断面，即模型试验中的 1 号位置，艏艉系泊的最大横摇角度为 $10.39°$，最大纵摇角度为 $0.7°$，多点系泊方式的最大横摇角度为 $21.57°$，最大纵摇角度为 $1.33°$。对比数据分析可知，船舶系泊于 1 号位置，宜采用艏艉抛锚的形式，一方面是艏艉系泊能更好地限制船舶的横摇运动幅值、纵摇运动幅值，另一方面是艏艉系泊方式为中心抛锚，可以采用快速抛锚的方式，艏艉对称抛双锚，为滑坡涌浪传播至船舶系泊位置做好充足的准备。

从图 5-26 中可以看出，船舶系泊于直线河道远端，即试验过程中的 2 号位置，船舶采用艏艉系泊方式、多点系泊方式时，船舶的横摇运动幅值、纵摇运动幅值都满足《内河船舶法定检验技术规则》的要求。主要是因为船舶紧急系泊于河道内2号位置，滑坡涌浪经过产生、发展、传播等一系列过程后，滑坡涌浪的能量较小，试验过程中采用的系泊方式，能较好地应对滑坡涌浪灾害事故。从图5-26中对比可知，船舶采用艏艉系泊及多点系泊方式，停泊于河道内2号位置时，艏艉系泊作用下，船舶最大的横摇角度为2.63°，最大的纵摇角度为0.7°，多点系泊作用下，船舶最大的横摇角度为4.03°，最大的纵摇角度为4.09°。通过对比分析可知，船舶宜采用艏艉系泊方式，一方面可以提高系泊船舶的稳定性，另一方面，当滑坡涌浪的风险减小时，可以快速收锚，尽早离开滑坡涌浪水域，防止二次伤害事故的发生。

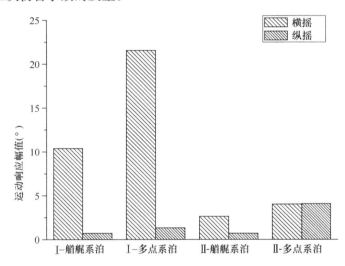

图 5-26　各工况船舶运动响应特性对比研究

Fig. 5-26　Comparative study of ship motion response characteristics under different operating conditions

5.4.2　系泊系统动力特性对比研究

本节在合理设计滑坡涌浪水域船舶的系泊系统基础上，结合各个工况船舶横摇运动幅值及纵摇运动幅值数据，分析系泊缆索顶端张力变化情况，对比分析系统系泊状态下，不同锚链的顶端张力变化特性。

本节主要研究相同滑坡方量、滑坡倾角，不同系泊形式工况下，船舶系泊缆索顶端张力变化情况，从图5-27中可以看出，系泊船舶采用艏艉系泊及多点系泊的方式。当船舶采用艏艉方式及多点系泊方式，停靠于1号位置时，船舶艏艉系泊系泊缆索的顶端张力明显大于多点系泊系统各系泊缆索的顶端张力。艏艉系泊方式作用下，船舶艏部系泊缆索顶端张力最大值为38.75N，艉部系泊缆索顶端张力最大值为61.64N；多点系泊系统1号、2号、3号、4号系泊缆索的顶端张力最大值分别为38.36N、31.48N、28.66N、31.2N。如果采用多点系泊的方式，每根系泊缆索的顶端张力受力较为均匀。但是，由于系泊缆索的数目较多，需要多次抛锚，不能较好地应对滑坡涌浪灾害事故，结合该工况下船舶横摇运动幅值及纵摇运动幅值变化规律，船舶宜采用艏艉系泊方式。船舶艏艉系泊缆索的数量较少，每根系泊缆索承受的顶端张力分量较大，系泊缆索有断裂的风险。

从图5-27中可以看出，船舶系泊于1号位置、2号位置时，滑坡涌浪垂直作用于船舶舷侧，船舶采用艏艉系泊的方式，系泊缆索的长度、单位长度水中重量、直径等物理量相同，船舶艏缆、艉缆的顶端张力最大值有较大差异。船舶系泊于1号位置，艏缆顶端张力最大值为38.75N，艉缆顶端张力最大值为61.64N；船舶系泊于2号位置，艏缆顶端张力最大值为10.96N，艉缆顶端张力最大值为8.03N；2号位置处系泊缆索的顶端张力值较小，安全性较高。该情况的主要原因为滑坡涌浪在河道内传播，当传播至2号位置时，滑坡涌浪的能量较小，滑坡涌浪的河道内的船舶影响效果较小，船舶各自由度的运动幅值较小，导致系泊缆索的顶端张力较小。

从图5-27中可以看出，船舶停靠于1号位置，采用艏艉系泊的方式，艏艉系泊缆索的物理参数相同，但是船舶艏缆、艉缆的顶端张力最大值不同。主要原因是滑坡涌浪以滑坡体入水点为圆心，散射传播，船舶艏部、艉部受到外力不同，导致系泊缆索的顶端张力最大值不同。从图中可以看得出，船舶艉部系泊缆索顶端张力比艏部大，在系泊船舶受到滑坡涌浪作用时，应该给予足够的关注。

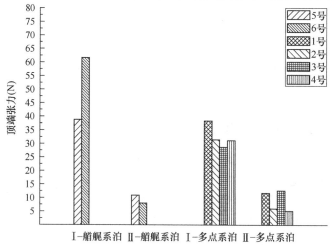

图5-27　各工况系泊缆索张力特性对比研究

Fig.5-27　Comparative study on tension characteristics of mooring cables under different working conditions

5.5 滑坡涌浪水域船舶应急操纵运动研究

5.5.1 滑坡涌浪水域船舶预控方案

根据《长江三峡水利枢纽水上交通管制区域通航安全管理办法（2016年）》第2.10.2可知，船舶在三峡库区内航行时，船舶应靠船舶右舷一侧的航道航行。试验过程中，滑坡涌浪具有很强的冲击性、瞬时性，为防止船舶在滑坡涌浪的作用下，与河岸发生碰撞，影响测量结果的准确性，本次试验确定船舶航线为航道中心线向右侧岸边移动0.5m的距离，与岸边的距离为3.5m，1号船舶停靠在滑坡入水点中心线与航线交点处，距离对岸距离3.5m，2号位置位于航线直线段，距离1号监测点的水平距离为8.3m，具体信息如图5-28所示。

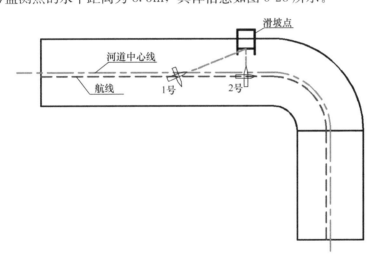

图 5-28 船舶预控研究方案示意图

Fig. 5-28 The schematic diagram of ship precontrol research scheme

为更好地研究滑坡涌浪水域船舶预控方法，试验过程中需要准确监测船舶周围的滑坡涌浪参数，当船舶停靠在1号位置时，船舶艏部朝向与滑坡涌浪传播方向相反时，波浪监测仪放在船舶艏艉连线上，距离船舶艏部50cm，当船舶横浪停靠时，波浪监测仪放置在船舶左舷，距离船舶左侧最外缘50cm，具体如图5-29所示。

5.5.2 试验工况

结合滑坡涌浪模型设计，试验主要以船舶停靠位置，船舶艏部朝向，波浪入

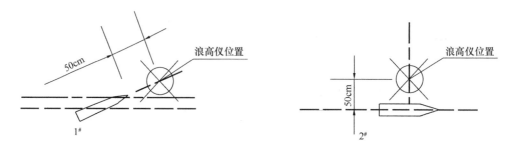

图 5-29 滑坡涌浪监测仪布置示意图

Fig. 5-29 The layout diagram of land slide surge monitor

射方向为变量，具体工况见表 5.1 中工况 66～工况 69。

5.5.3 不同位置的滑坡涌浪要素研究

试验过程中，根据船舶停靠位置和迎浪方向，确定波浪监测仪位置，每组工况得到不同的波浪要素，具体如图 5-30 所示。

从图 5-30（a）中可以看出，滑坡体入水后，产生滑坡涌浪，滑坡涌浪沿着河道上下游传播。当传播至波浪监测仪位置时，引起该处水位值的变化，首浪高度最大值为 3.57cm，经过半个周期后，该监测点的水位值发生波动，波谷最大值为 2.86cm。随着时间历程的增加，滑坡涌浪出现多次波峰、波谷，水位值变化曲线呈现出不规则正弦波动，随着时间历程的继续增加，滑坡涌浪能量逐渐减小，水面逐渐趋于平稳。

从图 5-30（b）～图 5-30（d）中可以看出，三种工况下，监测点的水位值都

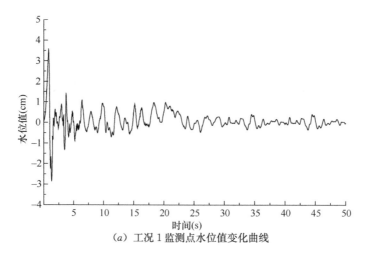

（a）工况 1 监测点水位值变化曲线

图 5-30 各工况监测点水位值变化曲线（一）

Fig. 5-30 The variation curve of water level at monitoring points in each working condition

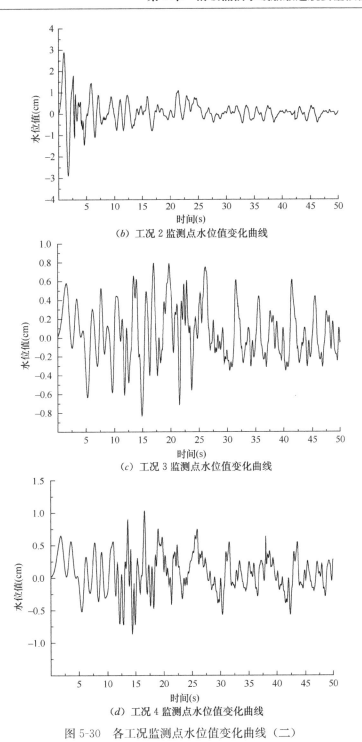

(b) 工况2监测点水位值变化曲线

(c) 工况3监测点水位值变化曲线

(d) 工况4监测点水位值变化曲线

图 5-30 各工况监测点水位值变化曲线（二）

Fig. 5-30 The variation curve of water level at monitoring points in each working condition

呈现出首浪高度值较大,随着时间历程的增加,滑坡涌浪能量逐渐减小,水位值波动范围变小。图 5-30(b) 水位最大波峰值为 2.87cm,最大波谷值为 2.88cm;图 5-30(c) 水位最大波峰值为 0.79cm;图 5-30(d) 水位最大波峰值为 1.03cm。从图 5-30(c)、图 5-30(d) 中可以看出,滑坡涌浪在传播过程中能量逐渐衰减,当传播到 2 号位置时,引起监测点水位值波动较小,出现微幅波动现象,随着时间历程的增加,水面逐渐恢复平静。从图 5-30(a)、图 5-30(b) 中可以看出,滑坡涌浪随着时间历程的增加,而水位值呈现逐渐衰减的状态,水位值在波动变化过程中,局部区域出现陡增情况,主要原因是滑坡涌浪在传播过程中,传播到河道对岸,经过岸边的反射,反射涌浪与入射涌浪相互叠加,使滑坡涌浪的峰值出现局部陡增现象。

5.6　浪向对船舶运动特性的影响研究

滑坡体入水后,会引起水面的变化,产生滑坡涌浪,滑坡涌浪具有瞬时性及突发性的特点,本节通过对试验数据进行处理,对比分析浪向、航行位置对船舶运动特性影响的研究。

5.6.1　浪向对船舶横摇特性影响研究

本节主要研究滑坡涌浪停靠于 1 号位置时,调整船舶的航行方向。经过多次试验,滑坡体入水后,形成滑坡涌浪,滑坡涌浪在河道内向对岸传播,船舶在调整方向的过程中,保证船舶重心位置不变,分析船舶迎浪、横浪作用下的横摇运动幅值、纵摇运动幅值,进而提出船舶进入滑坡涌浪水域的预控方法,保证船舶通航安全。

从图 5-31 中可以看出,船舶停靠在相同位置,不同浪向使船舶的横摇角呈现出不同的变化趋势,船舶遭遇横浪,船舶的横摇角发生较大幅度的变化,最大横摇角度为 8.2°。随着时间历程的增加,滑坡涌浪的能量逐渐减小,船舶依靠自身的回复力,横摇角度逐渐减小,船舶遭遇迎浪,船舶的横摇角发生变化,最大横摇角度为 2.51°,当滑坡涌浪发生 25s 以后,船舶的横摇运动幅值接近。对迎浪、横浪工况中船舶的横摇进行分析,横浪中船舶横摇幅值的平均值为 1.26°,迎浪中船舶横摇幅值的平均值为 0.62°。研究表明,当船舶在航行过程中,突遇滑坡涌浪,船舶应该调整航行方向,减少滑坡涌浪对船舶侧面的冲击,进而减小船舶的横摇运动幅值。

5.6.2　浪向对船舶纵摇特性影响研究

船舶在航行过程中,突遇滑坡涌浪,调整船舶艏部及艉部的方向,使滑坡涌

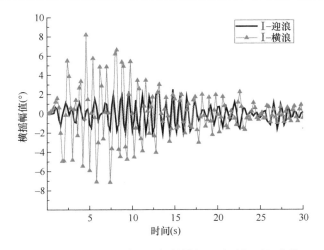

图 5-31　不同浪向作用下船舶横摇运动时间历程曲线

Fig. 5-31　The time history curve of ship rolling under the different wave directions

浪以不同的角度作用于船舶舷侧，船舶的横摇运动幅值、纵摇运动幅值发生不同的变化特性。

从图 5-32 中可以看出，船舶在滑坡涌浪水域遭遇顶浪，船舶的纵摇运动幅值发生较大变化，最大的纵摇运动幅值为 2.85°；然而在该水域遭遇横浪作用，船舶的纵摇运动幅值变化较为平缓，最大纵摇角度为 0.56°。通过数据的对比分析可知，迎浪中船舶的纵摇角度迅速增大，但没有达到《内河船舶法定检验技术规则》的上限要求，处于较为稳定的状态，能保证船舶的通航安全。

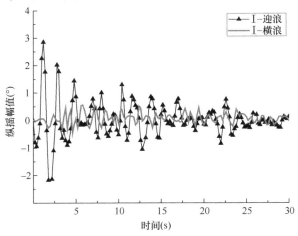

图 5-32　不同浪向作用下船舶纵摇运动时间历程曲线

Fig. 5-32　The time history curve of ship pitching under the different wave directions

5.7 航行位置对船舶运动特性影响研究

滑坡涌浪在传播过程中，能量随着传播距离的增加而逐渐衰减，本节主要研究船舶在不同的位置处，船舶的横摇运动幅值、纵摇运动幅值的变化规律，通过本节内容的研究，可以提出船舶进入滑坡涌浪水域后，保证船舶通航安全的预控方法。

5.7.1 航行位置对船舶横摇特性影响研究

从图 5-33 中可以看出，船舶在河道内 1 号、2 号位置时，船舶受到横浪的作用，引起船舶横摇角度的变化，1 号、2 号位置距离滑坡入水点的距离不同，滑坡涌浪对船舶的作用效果也不一样。从图 5-33 中可以对比看出，船舶在 1 号位置受到滑坡涌浪的作用，船舶产生较大的横摇运动幅值，横摇最大值为 8.2°，随着时间历程的增加，船舶的横摇运动幅值逐渐减小。船舶在 2 号位置受到滑坡涌浪的作用，船舶的横摇运动幅值先发生微幅变化，船舶的横摇运动周期与波浪周期相近时，船舶发生共振，船舶的横摇运动幅值增加，横摇最大值为 2.86°。随着时间历程的增加，滑坡涌浪的能量逐渐减小，船舶依靠自身的回复力，船舶横摇运动幅值处于相对平稳状态，从图 5-33 中的曲线对比可以看出，船舶距离滑坡涌浪入水点越远，受到滑坡涌浪的影响越小。因此，船舶的实际的航行过程中，突遇滑坡涌浪，应当通过滑坡涌浪预警系统，合理判断滑坡入水点位置，增加船舶滑坡入水点的距离及滑坡涌浪的衰减时长，合理躲避船舶通航过程中的风险。

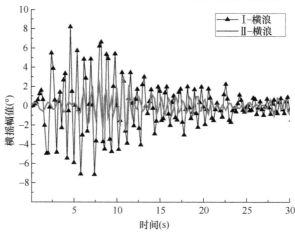

图 5-33 不同航行位置船舶横摇运动时间历程曲线

Fig. 5-33 The time history curve of ship rolling at different navigational positions

5.7.2 航行位置对船舶纵摇特性影响研究

从图 5-34 中可以看出,船舶停靠于 1 号、2 号位置,船舶受到滑坡涌浪直接作用,滑坡涌浪作用于船舶舷侧,船舶的纵摇运动幅值发生变化,当船舶停靠在 1 号位置时,滑坡涌浪使船舶纵摇运动幅值发生较大变化,纵摇运动幅值最大值为 2.85°,随着时间历程的增加,纵摇的运动幅值逐渐减小,渐渐地转换成微幅变化。当船舶停靠在 2 号位置时,滑坡涌浪以横浪的方向作用在船舶侧面,船舶的纵摇运动幅值变化较小,主要是因为滑坡涌浪在传播过程中,能量逐渐衰减,滑坡涌浪对船舶纵摇的运动影响不明显,船舶处于相对安全的状态。

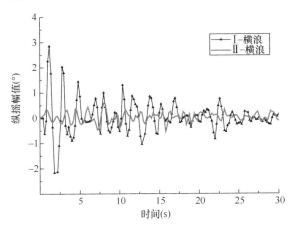

图 5-34 不同航行位置船舶纵摇运动时间历程曲线

Fig. 5-34 The time history curve of ship pitching at different navigational positions

5.8 各工况船舶运动幅值对比分析

本节主要以船舶横摇、纵摇为主要研究对象,对比分析不同工况下,船舶的横摇运动幅值、纵摇运动幅值变化情况,分析船舶在各种工况下的运动特性。从图 5-34 中可以看出,船舶航行值 1 号位置时,滑坡涌浪作用在船舶舷侧部位,船舶的横摇运动幅值明显大于船舶的纵摇运动幅值,船舶应该采取减摇措施,如采用双体船、设置减摇水舱,安装减摇鳍等方式,提高船舶的通航安全性。当船舶离滑坡入水点距离较近的情况下,船舶应该迅速改变航行方向,以迎浪的方式应对滑坡涌浪的发生,这样可以大幅减小船舶的横摇运动幅值,适当增加船舶纵摇运动幅值,使船舶处于相对安全的状态。

从图 5-35 中也可以看出,滑坡涌浪的能量随着传播距离的增加而增大,为减少滑坡涌浪对水工结构物的直接作用，当滑坡涌浪发生后，船舶应该尽快远离该水域，增加船舶与滑坡入水点之间的距离，降低滑坡涌浪对船舶的直接作用效果，保证船舶的通航安全。

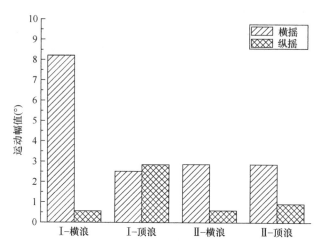

图 5-35　各工况船舶运动幅值对比分析图

Fig. 5-35　The comparative analysis diagram of ship motion amplitude under various working conditions

5.9　本章小结

通过对船舶的锚泊分类的总结及系泊缆索布置形式的调研，设计出适合滑坡涌浪水域的船舶锚泊形式，并将多种方案对比优化。研究表明，船舶系泊于河道内时，相对于多点系泊方式，更宜采用艏艉抛锚的形式。一方面是艏艉系泊能更好地限制船舶的横摇运动幅值、纵摇运动幅值，另一方面是艏艉系泊方式为中心抛锚，可以采用快速抛锚的方式，艏艉对称抛双锚，为滑坡涌浪传播至船舶系泊位置做好充足的准备。当滑坡涌浪水域船舶通航安全的风险减小时，可以快速收锚，尽早离开滑坡涌浪水域，防止二次伤害事故的发生。

船舶停靠于河道内滑坡断面位置、系泊缆索的物理参数相同时，研究表明船舶艏缆、艉缆的顶端张力最大值不同。主要原因是滑坡涌浪以滑坡体入水点为圆心，散射传播，船舶艏部、艉部受到滑坡涌浪作用力不同，导致系泊缆索的顶端张力最大值不同，本章试验工况中，船舶艉部系泊缆索顶端张力较艏部大，在系泊船舶受到滑坡涌浪作用时，应该给予足够的关注。

本章研究航行位置、浪向对船舶运动特性的影响，船舶在航行过程中，突遇滑坡涌浪，船舶应该根据滑坡点与船舶的相对位置，确定合理的避险方法，船舶航行至1号位置时，滑坡涌浪作用在船舶舷侧部位，船舶的横摇运动幅值明显大于船舶的纵摇运动幅值。当船舶离滑坡入水点距离较近的情况下，船舶应该迅速改变航行方向，以迎浪的方式应对滑坡涌浪的发生，这样可以大幅减小船舶的横摇运动幅值，适当增加船舶纵摇运动幅值，使船舶处于相对安全的状态。

第6章 滑坡涌浪水域船舶操纵运动特性研究

船舶操纵性是指船舶按照驾驶者的意图,借助其控制装置保持或改变船舶航速、姿态和方向的性能,主要包括航向稳定性、回转性、转舵性及跟从性、停船性四个方面的内容。作为航行船舶的重要性能之一,操纵性密切关系到船舶航行的安全性和经济性。对于民船来说,良好的操纵性可以减少燃料的消耗,缩短航行时间,提高运营效率[97]。

随着我国航运事业的快速发展,船舶逐渐向大型化、专业化方向发展,航区内船舶的数量逐渐增加,河道水深相对较浅,导致船舶发生搁浅、碰撞的事故时有发生,船舶的操纵性问题逐渐突显出来[98]。如何船舶在航行过程中突遇滑坡涌浪、地震等灾害性事故时,保证船舶的航行安全、提高船舶的航行效率、增加船舶应对不利环境的能力,是本行业亟待解决的问题。

本章分析总结船舶操纵性的相关研究结果,从船舶在静水中的操纵运动计算方法出发,运用山区河道型水库岩体滑坡涌浪的空间传播特点,建立滑坡涌浪水域船舶操纵运动数学模型,研究滑坡涌浪中船舶的应急操纵性能。

6.1 船舶操纵运动方程

本节依据船舶操纵运动(MMG)分离建模思想,根据滑坡涌浪的空间传播规律,建立正确、可靠的船舶操纵运动模型,提出滑坡涌浪水域船舶应急操纵运动方法。

6.1.1 船舶运动与坐标系关系

船舶的六自由度运动情况比较复杂,本节采用右手坐标系对其进行描述,即固定坐标系和运动坐标系。

在固定坐标系 o_1-$x_1 y_1 z_1$ 中,规定船舶重心 G 处相对于地球的运动速度为 $\vec{V}$,角速度为 $\vec{\Omega}$。船舶在此坐标系中的运动可以用它的位置和姿态来描述,其中位置是指运动坐标系的原点 G 在固定坐标系中的三个空间坐标值 x_1、y_1、z_1,其时间变化率就是 $\vec{V}$ 在三个固定坐标轴上的分量,分别以 U、V、W 表示,即 $\dot{x}_1 = U, \dot{y}_1 = V, \dot{z}_1 = W$,则有[97]:

$$\vec{V} = U\vec{i}_1 + V\vec{j}_1 + W\vec{k}_1 \tag{6-1}$$

船舶的姿态指的是船舶转动产生的三个欧拉角，即横摇角、纵摇角、艏摇角，这三个角确定了运动坐标系 $G\text{-}xyz$ 与固定坐标系 $o_1\text{-}x_1y_1z_1$ 之间的几何方位关系，分别用 ϕ、θ、ψ 表示，则有：

$$\vec{\Omega} = \dot{\varphi}\vec{i}_1 + \dot{\theta}\vec{j}_1 + \dot{\psi}\vec{k}_1 \tag{6-2}$$

式中，$\vec{i}_1$、$\vec{j}_1$、$\vec{k}_1$ 表示固定坐标系 $o_1\text{-}x_1y_1z_1$ 中三个轴的单位向量。

在运动坐标系 $Gxyz$ 中，船舶的六自由度任意运动应用刚体力学的观点加以分析，可视为由两部分运动叠加而成：一部分是随参考点 G 的平动，另一部分则为绕该参考点的转动。船舶重心 G 处的速度 $\vec{V}$ 在 $G\text{-}xyz$ 坐标系上的三个分量分别为前进速度、横移速度、垂荡速度，分别用 u、v、w 表示，则有[100]：

$$\vec{V} = u\vec{i} + v\vec{j} + w\vec{k} \tag{6-3}$$

船舶重心 G 处的转动角速度 $\vec{\Omega}$ 在运动坐标系上的三个分量为横摇角速度、纵摇角速度、艏摇角速度，分别用 p、q、r 表示，则有：

$$\vec{\Omega} = p\vec{i} + q\vec{j} + r\vec{k} \tag{6-4}$$

式中，$\vec{i}$、$\vec{j}$、$\vec{k}$ 表示运动坐标系 $G\text{-}xyz$ 中三个轴的单位向量[99]。

船舶六自由度的任意运动既可以在定坐标系内用位置向量的导数 $\dot{x}_1$、$\dot{y}_1$、$\dot{z}_1$ 及欧拉角姿态向量的导数 $\dot{\phi}$、$\dot{\theta}$、$\dot{\psi}$ 表达，也可以在动坐标系内用速度向量 u、v、w 和角速度向量 p、q、r 描述，但是在一般情况下，$\dot{x}_1 \neq u$、$\dot{y}_1 \neq v$、$\dot{z}_1 \neq w$、$\dot{\phi} \neq p$、$\dot{\theta} \neq q$、$\dot{\psi} \neq r$，这两组变量之间存在着下列变换关系[104]：

$$\begin{bmatrix} \dot{x}_1 \\ \dot{y}_1 \\ \dot{z}_1 \end{bmatrix} = S \begin{bmatrix} u \\ v \\ w \end{bmatrix} \tag{6-5}$$

$$\begin{bmatrix} \dot{\varphi} \\ \dot{\theta} \\ \dot{\psi} \end{bmatrix} = C \begin{bmatrix} p \\ q \\ r \end{bmatrix} \tag{6-6}$$

其中，S 和 C 分别表示变换矩阵，可表示为：

$$S = \begin{bmatrix} \cos\theta\cos\psi & \sin\varphi\sin\theta\cos\psi - \cos\varphi\sin\psi & \cos\varphi\sin\theta\cos\psi + \sin\varphi\sin\psi \\ \cos\theta\sin\psi & \sin\varphi\sin\theta\sin\psi + \cos\varphi\cos\psi & \cos\varphi\sin\theta\sin\psi - \sin\varphi\cos\psi \\ -\sin\theta & \sin\varphi\cos\theta & \cos\varphi\cos\theta \end{bmatrix} \tag{6-7}$$

$$C = \begin{bmatrix} 1 & \sin\varphi\tan\theta & \cos\varphi\tan\theta \\ 0 & \cos\varphi & -\sin\varphi \\ 0 & \sin\varphi\sec\theta & \cos\varphi\sec\theta \end{bmatrix} \tag{6-8}$$

由此便可以得到固定坐标系与运动坐标系之间船舶运动情况的转换关系式：

$$\begin{cases} \dot{x}_1 = u\cos\theta\cos\psi + v(\sin\varphi\sin\theta\cos\psi - \cos\varphi\sin\psi) + w(\cos\varphi\sin\theta\cos\psi + \sin\varphi\sin\psi) \\ \dot{y}_1 = u\cos\theta\sin\psi + v(\sin\varphi\sin\theta\sin\psi + \cos\varphi\cos\psi) + w(\cos\varphi\sin\theta\sin\psi - \sin\varphi\cos\psi) \\ \dot{z}_1 = -u\sin\theta + v\sin\varphi\cos\theta + w\cos\varphi\cos\theta \\ \dot{\varphi} = p + q\sin\varphi\tan\theta + r\cos\varphi\tan\theta \\ \dot{\theta} = q\cos\varphi - r\sin\varphi \\ \dot{\psi} = q\sin\varphi\sec\theta + r\cos\varphi\sec\theta \end{cases}$$

(6-9)

6.1.2 船舶运动方程式

设船舶的质量为 m，根据运动坐标系中各运动量的定义，有重心 G 处的船速为 $\vec{V}(u,v,w)$，角速度为 $\vec{\Omega}(p,q,r)$。设船舶的动量为 $\vec{B}$，则 $\vec{B} = m\vec{V}$，动量矩为 $\vec{H}$，所受外力为 $\Sigma\vec{F}$，外力对船舶重心的力矩为 $\Sigma\vec{M}$，为了分析方便，将固定坐标系 $o_1\text{-}x_1y_1z_1$ 的原点 o_1 置于船舶重心 G 处[104]。

按质心运动定理和相对于质心运动的动量矩定理：

$$\begin{cases} \dfrac{\mathrm{d}\vec{B}}{\mathrm{d}t} = \Sigma\vec{F} \\ \dfrac{\mathrm{d}\vec{H}}{\mathrm{d}t} = \Sigma\vec{M} \end{cases}$$

(6-10)

动量 $\vec{B} = m\vec{V}$ 在动系上的投影为：

$$B_x = mu, \ B_y = mv, \ B_z = mw \tag{6-11}$$

$$\begin{aligned} \frac{\mathrm{d}\vec{B}}{\mathrm{d}t} &= m(\dot{u}\vec{i} + \dot{v}\vec{j} + \dot{w}\vec{k}) + \begin{vmatrix} \vec{i} & \vec{j} & \vec{k} \\ p & q & r \\ B_x & B_y & B_z \end{vmatrix} \\ &= m(\dot{u}\vec{i} + \dot{v}\vec{j} + \dot{w}\vec{k}) + [\vec{i}(qB_z - rB_y) + \vec{j}(rB_x - pB_z) + \vec{k}(pB_y - qB_x)] \\ &= m[(\dot{u} + qw - rv)\vec{i} + (\dot{v} + ru - pw)\vec{j} + (\dot{w} + pv - qu)\vec{k}] \end{aligned}$$

(6-12)

将结果投影到运动坐标系 $G\text{-}xyz$ 的各坐标轴上,分别定义纵向力 X、横向力 Y、垂向力 Z,得到刚体运动动量方程[97]:

$$\begin{cases} m(\dot{u}+qw-rv)=X \\ m(\dot{v}+ru-pw)=Y \\ m(\dot{w}+pv-qu)=Z \end{cases} \tag{6-13}$$

近似认为 $G\text{-}xyz$ 是船舶的中心惯性主轴,则船舶的动量矩 $\vec{H}$ 在动系 $G\text{-}xyz$ 上的投影分别为:

$$H_x = I_x p, \ H_y = I_y q, \ H_z = I_z r \tag{6-14}$$

分别定义横摇力矩 K、纵摇力矩 M、转艏力矩 N,和求刚体运动动量方程类似,可得:

$$\begin{cases} I_x \dot{p}+(I_z-I_y)qr=K \\ I_y \dot{q}+(I_x-I_z)rp=M \\ I_z \dot{r}+(I_y-I_x)pq=N \end{cases} \tag{6-15}$$

可得船舶在空间六自由度的操纵运动方程:

$$\begin{cases} m(\dot{u}+qw-rv)=X \\ m(\dot{v}+ru-pw)=Y \\ m(\dot{w}+pv-qu)=Z \\ I_x \dot{p}+(I_z-I_y)qr=K \\ I_y \dot{q}+(I_x-I_z)rp=M \\ I_z \dot{r}+(I_y-I_x)pq=N \end{cases} \tag{6-16}$$

当船舶在风浪中航行时,人们最为关心的是航向角和航行轨迹的变化,即船舶在水平面内的运动。对于大多数船舶来说,垂荡、纵荡和横摇运动对水平面内的运动影响较小。但是对于集装箱船、滚装船、高速军舰等,回转运动及风浪干扰将引起较大的横倾角,导致船舶所受流体动力发生变化,从而影响船舶在水平面内的运动,需要同时考虑水平面运动和横摇运动之间的耦合,即船舶的四自由度运动问题[100]。本章所建立的是在风浪作用下船舶四自由度运动数学模型,可简化为:

$$\begin{cases} m(\dot{u}-rv)=X \\ m(\dot{v}+ru)=Y \\ I_x\dot{p}=K \\ I_z\dot{r}=N \end{cases} \quad (6\text{-}17)$$

关于船舶姿态和轨迹的运动学方程式可以简化为:

$$\begin{cases} \dot{x}_1 = u\cos\psi - v\cos\varphi\sin\psi \\ \dot{y}_1 = u\sin\psi + v\cos\varphi\cos\psi \\ \dot{\varphi} = p \\ \dot{\psi} = r\cos\varphi \end{cases} \quad (6\text{-}18)$$

6.1.3 船舶空间运动受力分析

本章按照 MMG 操纵性数学模型的基本思想,将作用于船体上的外力和外力矩分为裸船体流体动力、螺旋桨力、舵力、风干扰力和力矩、波浪干扰力和力矩,用下式表示:

$$\begin{cases} X = X_{\text{HULL}} + X_{\text{P}} + X_{\text{R}} + X_{\text{WIND}} + X_{\text{WAVE}} \\ Y = Y_{\text{HULL}} + Y_{\text{P}} + Y_{\text{R}} + Y_{\text{WIND}} + Y_{\text{WAVE}} \\ K = K_{\text{HULL}} + K_{\text{P}} + K_{\text{R}} + K_{\text{WIND}} + K_{\text{WAVE}} \\ N = N_{\text{HULL}} + N_{\text{P}} + N_{\text{R}} + N_{\text{WIND}} + N_{\text{WAVE}} \end{cases} \quad (6\text{-}19)$$

式中,下标 HULL、P、R、WIND 和 WAVE 分别表示裸船体、螺旋桨、舵、风和浪。

船舶在风浪中运动时,真实的受力情况非常复杂,受力分析时有必要对其进行简化。本章基于以下的假设条件简化模型[101]:

(1) 船舶航行在无限宽广的深水域;
(2) 分别单独考虑船体、桨、舵、风和浪的作用力;
(3) 船、桨、舵之间的相互干扰作用按静水操纵性的方法处理;
(4) 忽略波浪对桨和舵的影响。

6.1.4 水动力导数的计算

本章考虑黏性类水动力及力矩的计算模型,船舶(不包括桨和舵)所受的黏性类水动力主要由以下的因素决定：船舶的几何特征（如船长、船宽、吃水、质量、方形系数等形状参数）；流体的物理特性（如流体的密度、黏性系数、重力加速度、表面张力系数）；船舶的运动状态（如船速、舵角等）。如果船舶在风浪中运动，则还要受到风和波浪的干扰力[102]。通过多次对比分析井上模型与贵岛模型的水动力导数计算结果，采用贵岛模型中的水动力导数计算方法，采用无因次化形式，得到：

$$\begin{cases} X'_H = X'_{uu}\cos^2\beta + X'_{\beta\beta}\sin^2\beta + X'_{\beta r}r'\sin\beta + X'_{rr}r'^2 \\ Y'_H = Y'_\beta\beta + Y'_r r' + Y'_{\beta\beta}|\beta|\beta + Y'_{rr}|r'|r' + Y'_{\beta\beta r}\beta^2 r' + Y'_{\beta rr}\beta r'^2 \\ N'_H = N'_\beta\beta + N'_r r' + N'_{\beta\beta}|\beta|\beta + N'_{rr}|r'|r' + N'_{\beta\beta r}\beta^2 r' + N'_{\beta rr}\beta r'^2 \end{cases} \quad (6\text{-}20)$$

1990年，贵岛胜郎在比较井上系列船模试验的船型后，考虑集装箱、船滚装船和汽车运输船等较新型的船型，对10艘实用船型进行系列船模试验，得出如下的近似估算公式[103]：

$$Y'_\beta(0) = -\left(\frac{\pi}{2}\kappa + 1.4C_b\frac{B}{L}\right)$$

$$Y'_r(0) = (m' + m'_x) - 1.5C_b\frac{B}{L}$$

$$Y'_{\beta\beta}(0) = -2.5(1-C_b)\frac{d_m}{B} - 0.5$$

$$Y'_{rr}(0) = 0.343C_b\frac{d_m}{B} - 0.07$$

$$Y'_{\beta rr}(0) = -5.95(1-C_b)\frac{d_m}{B}$$

$$Y'_{\beta\beta r}(0) = 1.5C_b\frac{d_m}{B} - 0.65$$

$$N'_\beta(0) = -\kappa$$

$$N'_r(0) = -(0.54\kappa - \kappa^2)$$

$$N'_{\beta\beta}(0) = 0.96(1-C_b)\frac{d_m}{B} - 0.066$$

$$N'_{rr}(0) = 0.5C_b\frac{B}{L} - 0.09$$

$$N'_{\beta rr}(0) = 0.5C_b\frac{B}{L} - 0.05$$

$$N'_{\beta\beta r}(0) = -57.5\left(C_b\frac{B}{L}\right)^2 + 18.4\left(C_b\frac{B}{L}\right) - 1.6 \quad (6\text{-}21)$$

6.2 船舶操纵运动模型验证

本章在不考虑风的工况下，对船舶在静水中的操纵运动进行仿真，预报船舶的操纵性能，船舶的主要尺度如表6-1所示。

船舶参数　　　　　　　　　　　　　　　　表6-1
The parameters of ship　　　　　　　　　Table 6-1

参　数	实　船	参　数	实　船		
船长（m）	94.5	叶数	4		
船宽（m）	15.1	螺旋桨直径（m）	3.1		
型深（m）	9.0	螺距（m）	2.6		
吃水（m）	5.6	艏吃水（m）	4.4		
方形系数	0.7	艉吃水（m）	6.8		
棱形系数	0.69	浮心坐标（m）	0.88		
重量（t）	3500	重心高度（m）	4.2		
舵面积（m²）	14.3	横稳性高（m）	8.63		
舵高（m）	4.1	航速（km/h）	9	15	21
展弦比	1.72	主机转速（r/min）	112	154	198

6.2.1　静水中船舶回转试验仿真

船舶回转试验是使船舶以设定速度直航稳定后，转舵到设定舵角并保持不变，船舶进入回转，船舶的回转试验是极具有代表性的操纵运动试验之一，可以通过回转试验来评价船舶的回转性能，也可以通过船舶的回转试验来验证船舶操纵运动模型的正确性。

从图6-1中可以看出，船舶主机转速为198r/min，航行速度为21km/h，船舶进入直线航行状态，两次模拟过程中，船舶分别打右舵35°和打左舵35°，对比实船与仿真试验结果，二者吻合较好，即验证编写程序的正确性。船舶左满

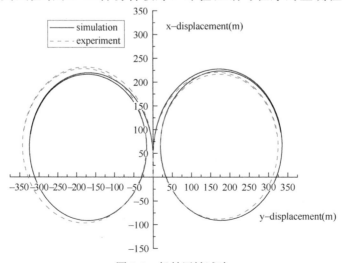

图6-1　船舶回转试验
Fig. 6-1　Turning trial of ship

舵、右满舵的纵距、横距、战术半径、回转半径左右基本对称，误差分别为3.5%、3.3%、3.0%、2.2%，具体的回转试验相关参数，如表6-2所示。

船舶回转试验参数　　　　　　　　　　　表 6-2
The parameters of ship's turning trial　　Table 6-2

回转要素	仿真结果	
	$\delta = 35°$	$\delta = -35°$
纵距（m）	225.29	217.18
横距（m）	145.06	140.26
战术直径（m）	332.77	322.73
回转直径（m）	314.66	307.55

6.2.2　静水中船舶 Z 形试验仿真

1943年，肯夫首先提出 Z 形操舵试验，可用于衡量船舶机动性能，评价船舶的航向改变性能。1957年，野本谦作又提出一种分析 Z 形操舵试验结果以求得回转性指数 K 和应舵指数 T 的方法，并受到广泛的重视。

通过船舶在静水中的回转试验及 Z 形操舵试验，并验证本模型具有一定的正确性及可靠性，能够较为真实地反映船舶在静水中的操纵运动性能，为下文正确研究船舶在静水中以不同舵角、不同航速下的回转试验及 Z 形操舵试验奠定良好的基础，通过编程建立船舶操纵运动模型，静水中船舶 Z 形试验如图 6-2 所示。

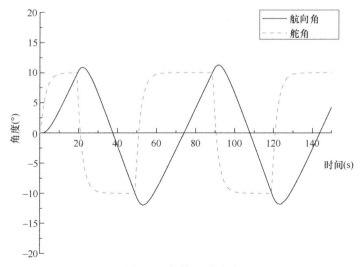

图 6-2　船舶 Z 形试验

Fig. 6-2　Z model experiment of ship

6.3 静水中船舶的操纵特性研究

6.3.1 不同舵角下船舶回转轨迹

本节结合船舶操纵运动理论，对比分析船舶以 10°、20°、35°舵角向右打舵时，船舶在静水中的回转轨迹，具体如图 6-3 所示。

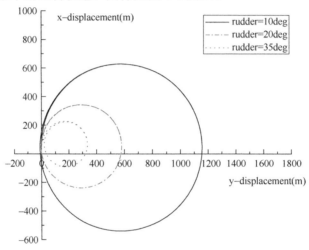

图 6-3 不同舵角下船舶回转轨迹

Fig. 6-3 Turning trajectory of ship under different rudder angles

从图 6-3 中可以看出，船舶从起始位置开始，进入直线航行状态，船舶在 X 方向（船舶航行方向）开始向右侧打舵，分为 10°、20°、35°等三组工况，对比曲线可以看出，船舶的打舵度数越小，船舶的回转半径越大，其中，10°舵角、20°舵角、35°舵角工况下，船舶回转半径分别为 583.8m、291.3m、159.4m。

6.3.2 不同航速船舶回转轨迹

本节依据建立的船舶操纵运动模型，研究船舶向右打 35°，船舶分别以 9km/h、15km/h、21km/h 三种速度航行，船舶的回转轨迹，如图 6-4 所示。

从图 6-4 中可以看出，船舶以不同的航行速度 9km/h，15km/h，21km/h 进行回转仿真试验时，虽然船舶的打舵舵角相同，船舶在回转过程中的回转半径相同，但是，三种工况中船舶的回转轨迹不重合；从图中可以看出，船舶的航行速度越大，船舶向 X 轴正方向的回转轨迹越大，当船舶以 9km/h、15km/h、21km/h 的速度航行时，船舶的 X 方向最大位移分别为 198.7m、218m 和 227.6m。

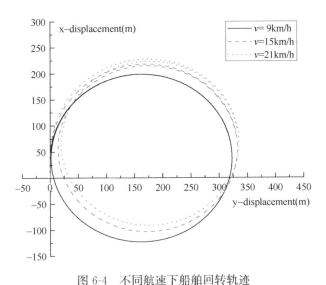

图 6-4　不同航速下船舶回转轨迹

Fig. 6-4　Turning trajectory of ship under different navigational speed

6.4　滑坡涌浪水域船舶运动轨迹研究

本节主要研究滑坡涌浪水域船舶通航安全的操纵运动特性，分析滑坡涌浪水域不同航速船舶的运动轨迹变化，提出船舶在该水域航行的风险应对技术。

6.4.1　滑坡涌浪水域不同航速船舶运动轨迹研究

本节在建立船舶操纵运动方程的基础上，分析船舶直线航行，以不同航速（9km/h、15km/h、21km/h）通过滑坡断面位置时，船舶的运动轨迹变化情况。

研究滑坡涌浪水域不同航速船舶，突遇滑坡涌浪时的运动轨迹，试验仿真过程中，船舶保持舵角为零度。从图 6-5 中可以看出，当船舶航行至滑坡断面位置时，发生山体滑坡，滑坡涌浪与船舶相互作用，船舶产生较大的横向位移。如果在滑坡涌浪持续作用下，船舶不采取应急操纵措施，船舶的横向运动位移逐步增加，船舶会与岸坡、码头等水工结构发生相互碰撞，造成较大的生命财产损失。船舶以不同的速度航行时，遭遇滑坡涌浪的横向作用，船舶的航行轨迹不重合，船舶的航行速度越大，船舶在相同的时间内，横向偏移量越大，船舶在航行方向上的运动距离也越大。因此，船舶在航行过程中突遇滑坡涌浪，船员应当降低航行速度，减少船舶向右偏移的距离，降低船舶与岸坡、码头撞击的风险，同时，降低船舶航行速度，也可以减少与对向船舶相撞的风险，提高船舶通航的安全性。

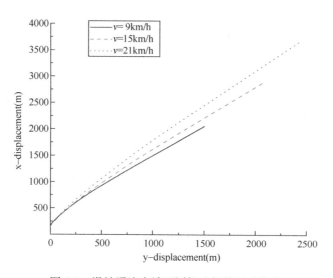

图 6-5 滑坡涌浪水域不同航速船舶运动轨迹

Fig. 6-5 Turning trajectory of ship under different navigational speed in landslide-induced wave

6.4.2 横浪中船舶应急操纵特性研究

船舶航行过程中,突遇滑坡涌浪,船舶应当采取应急操纵应对技术,本节主要研究船舶以不同的速度航行,滑坡涌浪横向与船舶发生相互作用,船舶产生一定的水平漂移量,提出不同位置处船舶主动打满舵的风险应对技术。从图6-6中可以看出,船舶漂移过程中,不进行任何操纵,船舶可能与码头或者岸坡发生相互碰撞。因此,在实际航行过程中,船舶应在适当位置打舵,船舶向右偏移100m位置,船舶向左打满舵,船舶有一定的反应时间,并不是在水平100m位置处向左航行,而是继续向右偏移,水平偏移的最大值为130m,当船舶向右偏移最大位置后,船舶操舵的效果开始显现,船舶开始向左航行,船舶是满舵状态,船舶在一定时间内,回复的航迹线上;在相同的外环境下,船舶航行速度为9km/h、15km/h、21km/h时,船舶产生最大的水平向右距离

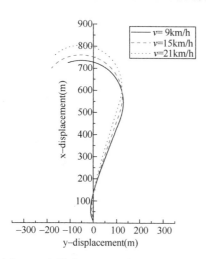

图 6-6 左横浪100m处满舵工况下船舶运动轨迹

Fig. 6-6 Turning trajectory of ship under the condition of full rudder at left transverse wave 100m

分别为130m、125.7m和123.8m。

从图6-7中可以看出，船舶向右偏移150m，船舶水平偏移的最大值为181.3m，当船舶向右偏移最大位置后，船舶开始向左航行，船舶是满舵状态，船舶运动一定时间后回复的航迹线上。相同的外环境，船舶航行速度为9km/h、15km/h、21km/h时，船舶最大的水平向右距离分别为181.3m、178.5m、173.2m。船舶的航行速度越快，船舶在满舵状态下更早回转到航迹线上，但是船舶的向前航行距离较大，最大值为965.7m。因此，船舶在航行过程中突遇滑坡涌浪，船员应当合理判断前方对向有无航行船舶，既要防止船舶与岸坡、码头的碰撞，也要防止与前方对向航行船舶的碰撞。

船舶向右偏移200m位置时，船舶向左打满舵，水平偏移的最大值为231.5m，从图6-8中可以看出，相同的外环境，船舶航行速度分别为9km/h、15km/h、21km/h，船舶产生向右的水平距离，最大值分别为231.5m、228.6m和223.8m。

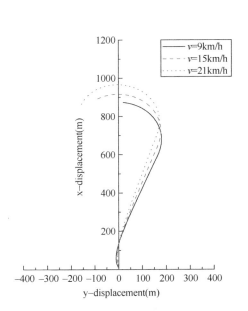
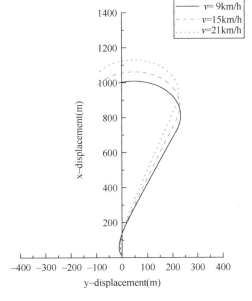

图6-7 左横浪150m处满舵工况下船舶运动轨迹

图6-8 左横浪200m处满舵工况下船舶运动轨迹

Fig. 6-7 Turning trajectory of ship under the condition of full rudder at left transverse wave 150m

Fig. 6-8 Turning trajectory of ship under the condition of full rudder at left transverse wave 200m

6.4.3 斜浪中船舶应急操纵特性研究

6.4.3.1 斜浪22°船舶应急操纵特性研究

船舶航行过程中，左前端发生山体滑坡，产生滑坡涌浪，滑坡涌浪沿着河道上下游传播，作用在船体左前端。本节主要研究滑坡涌浪以斜浪 22°作用下，船舶的应急操纵运动特性。

从图 6-9 中可以看出，船舶以一定速度向前航行，斜浪使船舶向右偏移，当船舶向右水平运动 100m 后向左打满舵，船舶有一定的反应时间，并不是在水平 100m 位置处向左航行，而是继续向右偏移，水平偏移的最大值为 117.7 m，当船舶满舵操纵一段时间后，船舶回转到初始航迹线上。相同的外环境，船舶航行速度为 9km/h、15km/h、21km/h，船舶最大的水平向右距离分别为 117.7m、113.2m、109.4m。船舶的航行速度越快，船舶在满舵状态下更早回转到航迹线上，但是船舶的向前航行距离较大，最大值为 1085.3m。

从图 6-10 中可以看出，船舶向右水平运动 150m 时向左打满舵，水平偏移的最大值为 169.3m，相同环境，船舶航行速度为 9km/h、15km/h、21km/h 时，船舶最大的水平向右距离分别为 169.3m、163.5m 和 160.4m。

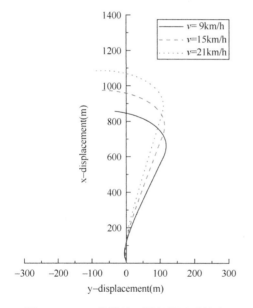

图 6-9　100m 处满舵工况船舶运动轨迹
Fig. 6-9　Turning trajectory of ship at 100m full rudder condition

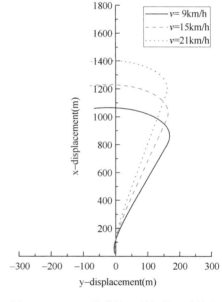

图 6-10　150m 处满舵工况船舶运动轨迹
Fig. 6-10　Turning trajectory of ship at 150m full rudder condition

从图 6-11 中可以看出，船舶向右水平运动 200m 时，船舶向左打满舵，船舶水平偏移的最大值为 218.3m，相同环境，船舶航行速度为 9km/h 时，船舶产生水平向右距离分别为 218.3m，船舶向前航行 1267m 时，航迹线与初始航线相交；船舶航行速度为 15km/h，船舶水平向右的最大距离为 213m，船舶向前航行 1484.1m 时，航迹线与初始航线相交，船舶航行速度为 21km/h，船舶水平向右的最大距离为 210.5m，船舶向前航行 1712.3m 时，航迹线与初始航线相交。

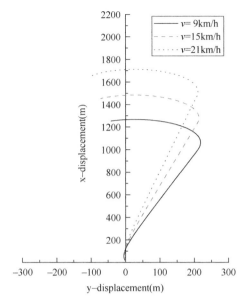

图 6-11　200m 处满舵工况船舶运动轨迹
Fig. 6-11　Turning trajectory of ship at 200m full rudder condition

6.4.3.2　斜浪 169°船舶应急操纵特性研究

船舶在航行过程中，发生滑坡涌浪，滑坡入水点位于船舶左后方，滑坡涌浪以滑坡入水点为圆心，散射传播，本节工况设计为斜浪 169°作用于船舶左后方，研究船舶向右偏移 100m、150m、200m 时船舶的操纵特性。

从图 6-12～图 6-14 中可以看出，船舶在河道内以不同的速度航行，滑坡涌浪作用于船舶的左后方，船舶产生一定的偏移量，当船舶向右运动 100m、150m、200m 后，船舶向左打满舵，船舶继续向右偏移一定距离，最大偏移量为 109.3m。从图 6-12 中可以看出，相同环境，船舶航行速度为 9km/h、15km/h、21km/h 时，船舶水平向右距离分别为 109.3m、106.1m、104.3m。从图 6-13 中可以看出，船舶受到滑坡涌浪的作用，产生向右的偏移量，当船舶向右偏移 150m 时，船舶向左打满舵，相同环境，船舶航行速度为 9km/h、15km/h、21km/h，船舶水平向右距离分别为 159.6m、155.9m、154.8m。从图 6-14 中可以看出，船舶受到滑坡涌浪的作用，产生向右的偏移量，当船舶向右偏移 200m 时，船舶向左打满舵，相同环境，船舶航行速度为 9km/h、15km/h、21km/h，船舶向右距离分别为 209.6m、206.2m、204.5m。

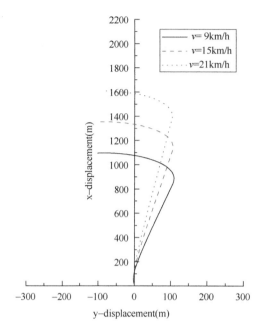

图 6-12　100m 处满舵工况船舶运动轨迹

Fig. 6-12　Turning trajectory of ship at 100m full rudder condition

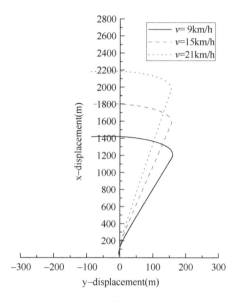

图 6-13　150m 处满舵工况船舶运动轨迹

Fig. 6-13　Turning trajectory of ship at 150m full rudder condition

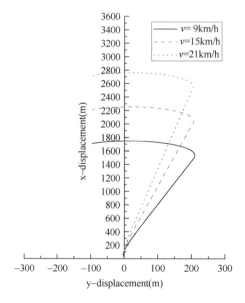

图 6-14　200m 处满舵工况船舶运动轨迹

Fig. 6-14　Turning trajectory of ship at 200m full rudder condition

6.5 本章小结

本章总结船舶运动与坐标系的关系，推导船舶运动方程式，对船舶的空间运动进行受力分析，按照贵岛回归方程，求解船舶的水动力导数。同时，在理论分析的基础上，建立船舶操纵运动模型，验证船舶在静水的回转试验、Z形试验，研究船舶在不同舵角、不同航速工况中的回转轨迹，建立船舶在滑坡涌浪水域的操纵运动模型，研究船舶以 9km/h、15km/h、21km/h 的速度航行，船舶向右偏移 100m、150m、200m 的操纵运动特性，提出滑坡涌浪水域船舶通航安全风险应对技术。

参 考 文 献

[1] 交通运输部. 2017年交通运输行业发展统计公报[EB]. 交通运输部网站.

[2] 徐波. 库区滑坡涌浪的产生及其传播过程的研究[D]. 长沙：长沙理工大学，2012.

[3] 李玉生. 鸡扒子滑坡—长江三峡地区老滑坡复活的一个实例；中国典型滑坡[M]. 北京：科学出版社，1988，323-328.

[4] 汪洋. 滑坡体与非线性浅水波的相互作用[D]. 北京：清华大学，2012.

[5] Evers，Frederic. Spatial propagation of landslide generated impulse waves[J]. Research Collection，2017.

[6] 李会中，潘玉珍，王团乐，等. 三峡库区千将坪滑坡成因与机制分析[J]. 人民长江，2006，36(6)：12-14.

[7] 殷坤龙，杜娟，汪洋. 清江水布垭库区大堰塘滑坡涌浪分析[J]. 岩土力学，2008，(12)：3226-3260.

[8] D. Donalde Davidson, Bruce L. McCarney. water waves generated by landslides in reservoirs[J]. Journal of the Hydraulics Division，1975，101(12)：1489-1501.

[9] Donald C. Raney, H. Lee Butler. Landslide generated water wave model[J]. Journal of the Hydraulics Division，1976，102(9)：1269-1282.

[10] Christopher G. Koutitas, Bruce L. Finite element approach to waves due to landslides[J]. Journal of the Hydraulics Division，1976，103(9)：1021-1029.

[11] C. B. Harbitz, Pedersen, B. ojevik. Numerical simulations of large water waves due to landslides[J]. Journal of Hydraulic Engineering，1993，119(12)：1325-1342.

[12] Jin Jen Lee, Fredrie Raichlen, Catherine Petroff. The generation of waves by a landslide：Skagway, Alaska-A Case Study Coastal Engineering Conference Proceeding[J]. Coastal Engineering Procedings，1996：1293-1306.

[13] B. Ataie-Ashtiani, A. Nik-Khah. Impulsive waves caused by subaerial landslides[J]. Journal of the Environ Fluid Mech，2008，8(7)：263-280.

[14] V. Heller, W. H. Hager. Water types of landslide generated impulsive waves[J]. Ocean engineering，2011，(38)：630-640.

[15] 汪洋，殷坤龙. 水库库岸滑坡初始涌浪叠加的摄动方法[J]. 岩石力学与工程学报，2004，23(5)：717-720.

[16] 殷坤龙，杜娟，汪洋. 水库库岸滑坡涌浪的传播与爬高研究[J]. 岩土力学，2008，29(4)：1031-1034.

[17] Edward Noda. Water waves generated by landslides. Journal of the Waterways[J]. Harbors and Coastal Engineering Division，1970，96(4)：835-855.

[18] Heinrich P. Nonlinear water waves generated by submarine and aerial landslides [J]. Journal of Waterway, Port, Coastal and Ocean, Engineering, 1992, 118(3): 223-238.

[19] H. M. Fritz, W. H. Hager, H-E. Minor. Landslide generated impulse waves[J]. Instantaneous flow fields, Journal of the Experiments in Fluids, 2003, 35 (1): 505-519.

[20] Evers F. Spatial Propagation of Landslide Generated Impulse Waves[D]. ETH Zurich, Zurich Switzerland, 2017.

[21] Heller V, Hager W H, Minor H E. Scale effects in subaerial landslide generated impulse waves[J]. Exp Fluids, 2008, 44: 691-703.

[22] Heller V, Hager W H. Wave types in landslide generated impulse waves[J]. Ocean Eng, 2011, 38: 630-640.

[23] Heller V, Spinneken J. Improved landslide-tsunami predictions: Effects of block model parameters and slide model[J]. J Geophys Res Ocean, 2013, 118: 1489-1507.

[24] Heller V, Spinneken J. On the effect of the water body geometry on landslide-tsunamis: Physical insight from laboratory tests and 2D to 3D wave parameter transformation. Coast Eng, 2015, 104: 113-134.

[25] Heller V, Bruggemann M, Spinneken J, Rogers B. Composite modelling of subaerial landslide-tsunamis in different water body geometries and novel insight into slide and wave kinematics[J]. Coast Eng, 2016, 109: 20-41.

[26] 汪洋, 殷坤龙. 水库库岸滑坡的运动过程分析及初始涌浪计算[J]. 中国地质大学学报, 2003, 28(5): 579-582.

[27] 汪洋, 殷坤龙. 水库库岸滑坡初始涌浪叠加的摄动方法[J]. 岩石力学与工程学报, 2004, 23(5): 717-720.

[28] 汪洋, 殷坤龙. 水库库岸滑坡涌浪的传播与爬高研究[J]. 岩土力学, 2008, 29(4): 1031-1034.

[29] 韩林峰, 王平义. 基于动量平衡的三维滑坡涌浪最大近场波幅预测 [J]. 岩石力学与工程学报, 2019, 38(3): 165-173.

[30] 曹婷, 王平义. 基于物理模型试验的库区岩质滑坡涌浪爬高研究 [J]. 南水北调与水利科技, 2019, 5: 163-168.

[31] 胡杰龙, 王平义. 岩质滑坡涌浪对三峡库区岸坡的冲刷模型试验[J]. 水利水电科技进展, 2019, 39(1): 91-97.

[32] Cercos-Pita J L, Bulian G, Pérez-Rojas L, Francescuttov A. Coupled simulation of nonlinear ship motions and a free surface tank[J]. Ocean Eng, 2016, 120: 281-288.

[33] Spyrou K J, Tigkas I G. Nonlinear surge dynamics of a ship in astern seas: "continu-

ation analysis" of periodic states with hydrodynamic memory[J]. J Ship Res, 2011, 55: 19-28.

[34] Soares G C, Fonseca N. Abnormal wave-induced load effects in ship structures[J]. J Ship Res, 2008, 52: 30-44.

[35] Kim Y, Nam B W. Study on coupling effects of ship motion and sloshing[J]. Ocean Eng, 2007, 34: 2176-2187.

[36] Faltinsen O, Zhao R. Numerical predictions of ship motions at high forward speed. [J]. Trans Phys Sci Eng, 1991, 334: 241-252.

[37] Das, S. K. Note on sway, roll and yaw motions of a ship with forward speed: Analytical study[J]. Acta Mech, 2006, 186: 221-227.

[38] Das, S. K. Modelling and analysis of coupled nonlinear oscillations of a floating body in two degrees of freedom[J]. Acta Mech, 2006, 186: 31-42.

[39] Soylemez, M. Motion response simulation of a twin-hulled semi-submersible[J]. Ocean Eng, 1998, 25: 359-383.

[40] Mctaggart K. Lateral ship motions and sea loads in waves including appendage and viscous forces[J]. Int Shipbuild Prog, 2000, 47: 141-160.

[41] Hatecke, H. The impulse response fitting and ship motions[J]. Ship Technol Res, 2015, 62: 97-106.

[42] Murashige, S. Experimental study on chaotic motion of a flooded ship in waves[J]. Proc Math Phys Eng Sci, 1998, 454: 2537-2553.

[43] Pethiyagoda R, Moroney T J. Time-frequency analysis of ship wave patterns in shallow water: Modelling and experiments[J]. Ocean Eng, 2018, 158: 123-131.

[44] Sigmund S, Moctar O. Numerical and experimental investigation of added resistance of different ship types in short and long waves[J]. Ocean Eng, 2018, 147: 51-67.

[45] Fonseca N. Comparison of numerical and experimental results of nonlinear wave-induced vertical ship motions and loads[J]. J Mar Sci Technol, 2002, 6: 193-204.

[46] Faltinsen O M, Michelsen F C. Motion of large structure in wave at zero Froude number[M]//The Dynamics of Marine Vehicles and Structures in Wave, Editors R. E. D. Bishop and W. G. Price, Mechanical Engineering Publication Limited, 1975.

[47] Chang M S, Pien P C. Velocity potentials of submerged bodies near a free surface-Application to wave-excited forces and motions[M]. 11th SNH, 1976.

[48] Carrison C J. Hydrodynamic loading of large offshore structure. Three-dimensional source distribution methods[M]//Numerical Methods in offshore Engineering, Edited by O. C. Zienkiewicz, A Wiley-interscience Publication, 1978.

[49] Fein J A, Magnuson A H, and Moran D D. Dynamic Performance of an Air Cushion Vehicle in a Marine Environment[R]. AIAA Paper 74-323, 1978.

[50] Scullen D C, Tuck E O. Sea wave pattern evaluation - pressure distributions: mathematical formulation[R]. Scullen and Tuck Pty Ltd, Adelaide, Australia, 2001.

[51] Beck, R. F and Loken, K. Three dimensional effects in ship relative motion problems[J]. JSR, 33, 1989.

[52] Chang M. S. Computational of three-dimensional ship motion with forward speed [C]. Conference on Numerical Ship Hydrodynamics, University of California, Berkeley, 1977: 124-135.

[53] Newman, J. N. Algorithms for the free-surface Green function[J]. J Eng Maths, 19, 1985.

[54] Wu G. X. Eatock Taylor R. A Green's function form for ship motion at forward speed [J]. International Shipbuilding Progress. 1982, 29: 103-117.

[55] Guedes Soares. Transient response of ship hulls to wave impact[J]. Int Shipbuilding Prog, 36, 1989: 137-192.

[56] Meyerhoff W K, Schlachter G. An approach for the determination of hull girder loads in a seaway including hydrodynamic impacts[J]. Ocean Engineering, 1980, 7: 305-326.

[57] Fujino M, Yoon B S. A study on loads acting on a ship in large amplitude waves[J]. Naval Architecture and Ocean Engineering JSNAJ, 1986, 24: 136-145.

[58] Chen C, Shen J. Calculation of ship nonlinear bending moment in regular waves in time domain[J]. CSNAME, China, 1990.

[59] Petersen J B. Nonlinear strip theories for ship response in waves[D]. Department of Naval Architecture and Offshore Engineering, Technical University of Denmark, 1992.

[60] Debabrata Sen. Time-domain computation of large amplitude 3D ship motions with forward speed[J]. Ocean Engineering, 2009, 29: 973-1002.

[61] MingKang Wu, Ole A. Hermundstad. Time-domain simulation of wave-induced nonlinear motions and loads and its applications in ship design[J]. Marine Structures, 2002, 15: 561-597.

[62] Clarke D. The application of manoeuvring criteria in hull design using linear theory [J]. RINA, 1982: 45-68.

[63] B Halnoudi, K S Varyani. A new approach to wave loading on deck mounted equipment on offshore structures/vessels[J]. ISP Journal, 1998.

[64] Cura Hochbaum A. Computation of the turbulent flow around a ship model in steady turn and in steady oblique motion[J]. Proc of 22nd Symposium on Naval Hydrodynamics Washington D C, USA, 1998.

[65] T Ohmori M, Fujino H, Miyata. A Study on Flow Field around Full Ship Forms in Maneuvering Motion[J]. Journal of Marine Science and Technology, 1998, 3: 22-29.

[66] T Ohmori. Finite-vofume Simulation of Flows about a Ship in Maneuvering Motion [J]. Journal of Marine Science and Technology, 1998, 3: 82-93.

[67] S Toxopeus. Simulation and Validation of the Viscous Flow around the series 60 Hull Forin at 10 Drift Angle[G]. Proceedings of 7th Numerical Towing Tank Symposium, Hamburg, Germany, 2004.

[68] D. Zhang et al. Safety distance modeling for ship escort operations in Arctic ice-covered waters[J]. Ocean Engineering, 2017, 146: 202-216.

[69] L P Perera. Navigation vector based ship maneuvering prediction[J]. Ocean Engineering, 2017, 138: 151-160.

[70] B Ożoga, J Montewka. Towards a decision support system for maritime navigation on heavily trafficked basins[J]. Ocean Engineering, 2018, 159: 88-97.

[71] L Sun et al. Research on risk assessment and control of inland navigation safety[J]. International Journal of System Assurance Engineering and Management, 2018, 9 (3): 729-738.

[72] S Zhang, L Li, X Li. Risk evaluation for the navigation environment of the LNG ship based on the cloud model[J]. MATEC Web of Conferences, 2019, 259: 3002.

[73] P Yuan, P Wang, Y Zhao. A Novel Experiment to Study the Roll Motion Characteristics of a Sailing Ship in a Landslide-Generated Wave in the Three Gorges Reservoir[J]. Advances in Civil Engineering, 2019(6): 1-10.

[74] C Jian, et al. Parametric estimation of ship maneuvering motion with integral sample structure for identification[J]. Applied Ocean Research, 2015, 52: 212-221.

[75] Weilin Luo, Zhicheng Zhang. Modeling of Ship Maneuvering Motion Using Neural Networks[J]. Journal of Marine Scienceand Application, 2016, 15(4): 426-432.

[76] W Zhang, Z Zou. Time domain simulations of the wave-induced motions of ships in maneuvering condition[J]. Journal of Marine Science and Technology, 2016, 21 (1): 154-166.

[77] A K Dash, V Nagarajan O P Sha. Bifurcation analysis of a high-speed twin-propeller twin-rudder ship maneuvering model in roll-coupling motion[J]. Nonlinear Dynamics, 2016, 83(4): 2035-2053.

[78] X Zhang, Z Zou, Y Wang. Identification of models of ship manoeuvring motion using support vector regression and particle swarm optimization[J]. Chuan Bo Li Xue/Journal of Ship Mechanics, 2016, vol. 20(11): 1427-1432.

[79] H Zhang, et al. Improved variable stepsize Runge-Kutta algorithm in the ship manoeuvring motion simulation[J]. Huazhong Keji Daxue Xuebao (Ziran Kexue Ban)/ Journal of Huazhong University of Science and Technology (Natural Science Edition), 2017, 45 (7): 122-126.

[80] W Luo, X Li. Measures to diminish the parameter drift in the modeling of ship ma-

noeuvring using system identification[J]. Applied Ocean Research, 2017, 67: 9-20.

[81] H Guo, Z Zou. System-based investigation on 4-DOF ship maneuvering with hydrodynamic derivatives determined by RANS simulation of captive model tests[J]. Applied Ocean Research, 2017, 68: 11-25.

[82] H Huang, Y Wang. Simulation of ship maneuvering using the plane motion model [J]. Indian Journal of Geo-Marine Sciences, 2017, 46(11): 2250-2257.

[83] S Tong, X. Tang, H Zhang. Modeling and Simulation of Ship Maneuvering Motion Based on Non-Uniform Flow and Shallow Water Effect[J]. Xitong Fangzhen Xuebao / Journal of System Simulation, 2018, 30(3): 866-872.

[84] Heller V, Hager W H. Wave types of landslide generated impulse waves[J]. Ocean Engineering, 2011, 38(4): 630-640.

[85] Chadwick A, Morfett J, Borthwick M. Hydraulics in Civil and Environmental Engineering[M]. Taylor & Francis Ltd, 2013.

[86] Novak P, Guinot V, Jeffrey A, Reeve D E. Hydraulic Modelling-AnIntroduction: Principles, Methods and Applications[M]. CRC PR INC, 2010.

[87] 陈里. 山区河道型水库岩体滑坡涌浪特性及对航道的影响试验研究[D]. 重庆：重庆交通大学.

[88] 徐娜娜. 大型滑坡涌浪及堰塞坝溃坝数值模拟[D]. 上海：上海交通大学，2011.

[89] 单铁兵. 波浪爬升的机理性探索和半潜式平台气隙响应的关键特性研究[D]. 上海：上海交通大学，2013.

[90] 梁启康，林宪东，金向军. 中国船型汇编[M]. 上海：上海交通大学出版社，2017.

[91] 盛振邦，刘应中. 船舶原理[M]. 上海：上海交通大学出版社，2004.

[92] 童亮. 半潜式平台系泊系统型式及其动力特性研究[D]. 上海：上海交通大学，2009.

[93] 裴玉华，郑桂珍，丛培秀. 海浪的波陡分布[J]. 中国海洋大学学报(自然科学版)，2007, 37: 73-77.

[94] 交通部第一航务工程勘察设计院. 海港工程设计手册[S]. 北京：人民交通出版社，1994.

[95] 盛振邦，刘应中. 船舶原理[M]. 上海：上海交通大学出版社，2003.

[96] 徐胜. 半潜式平台运动耦合分析方法及水动力模型试验研究[D]. 镇江：江苏科技大学，2013.

[97] 范尚雍. 船舶操纵性[M]. 北京：国防工业出版社，1988: 1-18.

[98] 孔祥军. 船舶操纵运动模拟和智能技术的应用研究[D]. 武汉：武汉理工大学，2004.

[99] 贾欣乐，杨盐生. 船舶运动数学模型[M]. 大连：大连海事大学出版社，1999.

[100] 李殿璞. 船舶运动与建模[M]. 北京：国防工业出版社，2008: 13-17.

[101]　谌栋梁. 船舶在波浪中的操纵性能研究[D]. 上海：上海交通大学，2009：5-12.
[102]　Kijima K，Toshiyuki K，Yasuaki N，Yoshitaka F. On the Maneuvering Performance of ship with the parameter of loading condition[J]. Jour of The Soc. of Naval Architects of Japan，1990，(168)：141-148.
[103]　吴秀恒. 船舶操纵性与耐波性[M]. 北京：人民交通出版社，1999.